人工智能背景下青少年教育研究

刘建波　毕研花　吕虹宇 ◎ 著

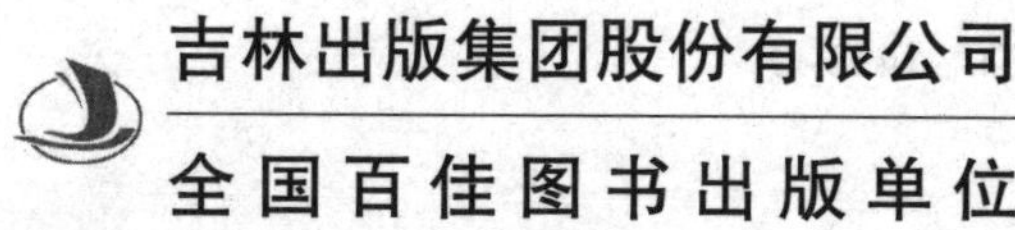
吉林出版集团股份有限公司
全国百佳图书出版单位

图书在版编目（CIP）数据

人工智能背景下青少年教育研究 / 刘建波，毕研花，吕虹宇著. -- 长春 : 吉林出版集团股份有限公司，2022.5

ISBN 978-7-5731-1496-9

Ⅰ. ①人… Ⅱ. ①刘… ②毕… ③吕… Ⅲ. ①人工智能—青少年读物 Ⅳ. ①TP18-49

中国版本图书馆CIP数据核字(2022)第070368号

RENGONG ZHINENG BEIJING XIA QINGSHAONIAN JIAOYU YANJIU

人工智能背景下青少年教育研究

著　　者　刘建波　毕研花　吕虹宇
责任编辑　田　璐
装帧设计　朱秋丽
出　　版　吉林出版集团股份有限公司
发　　行　吉林出版集团青少年书刊发行有限公司
地　　址　吉林省长春市福祉大路 5788 号
电　　话　0431-81629808
印　　刷　北京昌联印刷有限公司
版　　次　2022 年 5 月第 1 版
印　　次　2022 年 5 月第 1 次印刷
开　　本　787 mm × 1092 mm　1/16
印　　张　9.5
字　　数　191 千字
书　　号　ISBN 978-7-5731-1496-9
定　　价　58.00元

前　言

人工智能（Artificial Intelligence）是研究、开发用于模拟、延伸和扩展人的智能的理论、方法、技术及应用系统的一门新的技术科学，该领域研究包括机器人、语言识别、图像识别、自然语言处理和专家系统等。作为一项革命性的技术，人工智能具有巨大的社会和经济效益，未来有可能彻底改变人们的生活、工作、学习、发展和交流方式。

人工智能作为新兴的信息科技，具有广阔的前景，开设青少年人工智能素质教育课程，既可以丰富学生的知识，又可以培养学生的逻辑思维及分散思维能力，更好地引导学生通向应用领域，紧跟科学发展前沿。这对青少年的素质教育课程提出了新的要求。人工智能当前比较热门，本书以青少年人工智能素质教育课程体系为研究视角，在阐述青少年人工智能素质教育课程教学现状的基础上，探索分析确立青少年人工智能素质教育课程体系的依据、构建青少年人工智能素质教育课程体系的基本原则，在实践研究过程中对青少年人工智能素质教育课程体系建设提出科学合理化的建议。

本书首先概述了人工智能的相关理论，然后介绍了青少年教育的理论以及青少年教育发展和内容、青少年心理健康教育等，之后分析了人工智能背景下的青少年教育，最后对人工智能背景下的青少年教育创新做了总结和探讨。

本书在写作和修改过程中，查阅和引用了相关书籍以及期刊等资料，在此谨向本书所引用资料的作者表示诚挚的感谢。诚然，本书编写作者学识有限、经验不足，书中难免存在疏漏，请广大学者和同行批评指正，提出宝贵的意见与建议，以便日后修订完善。

目　录

第一章 人工智能理论

第一节 人工智能的哲学

人工智能激起了人类的关注和自我怀疑，人们在人工智能的能力边界和价值边界上产生困惑，也在科技伦理上出现了重大分歧。因此，在科技上充分开发人工智能的同时，哲学反思尤其对人工智能的本质和价值的反思是必要的。作为根据和参照，智能首先需要反思。智能是生命主动适应外在环境的自然性生成，更是人类社会实践的历史性生成。智能作为人的本质力量，不是简单的推理能力，而是统一“知、情、意”的直觉能力。人工智能在形式上是物理运动，完全有别于智能的生命运动和社会运动；在本质上是智能的模仿、数理逻辑规则的物质化。人工智能没有替代或超越智能的可能，它现在没有将来也不会具有社会性，更加没有主体地位。

历史上似乎还没有哪一项科学或技术能够像人工智能一样，激起人们的热切关注、复杂情感甚至自我怀疑，仿佛预言着人类的自由和未来将会面临极大的不确定性。尽管很少有人像霍金或加里斯那样预言人工智能是人类的挑战者和终结者，但许多人也认可人工智能的超人能力和社会性，恰好这两个方面对于人类而言具有毁灭性。显然，人们的苦恼主要集中在两个方面：一是人工智能的能力边界；二是人工智能的价值边界。当然，它们是硬币的两面，能力边界在实践上决定了价值边界，价值边界则在理论上影响着能力边界。与诸多困惑和分歧的生成一样，人们没有真正反思和直面人工智能的本质，观点基本上停留于直观化意见或情绪性判断上。在思维逻辑上，含混不清的概念扰乱了思维，内涵失范的概念制造了分歧。在思维方法上，目的与规律、主观与客观的不匹配，既可能造成夜郎自大，也可能造成妄自菲薄，于是，伪命题应运而生，伪命题既无法证明也无法证伪，同样只会生产困惑和分歧；坚持的人却因暗合主观的抽象目的而暗自得意。所以，我们应该厘清人工智能的概念，从人工智能的本质出发去生发我们的判断，从理论上触摸人工智能的能力边界和价值边界。

一、什么是智能

无论是中文的"人工智能"还是英文的 Artificial Intelligence 都是一个偏正词组，人工（artificial）是修饰语，中心词则是智能（intelligence）。所以，首先需要清晰智能的概念，然后才可能清晰人工智能的概念。

在汉语语境当中，智与能是两个相对独立的概念，智就是把握对象的本质和规律，能就是行动的能力或才干，"所以知之在人者谓之知，知有所合谓之智。智所以能之在人者谓之能，能有所合谓之能"。智与能联合起来指认识世界和改造世界的能力，在意识领域，智能就可以理解为认知能力与决策能力。

古希腊荷马时期的"智"近似于汉语语境的"智能"，泛指精熟于某种知识或技能，优秀的雕刻匠、造船工、战车驭手都被称为"智者"。轴心时期的"智"才狭义地指脑力劳动，主要指哲学、科学、艺术或政治等脑力劳动，"七贤"就是"七个智者"的意思。到了智者学派，他们以掌握知识和论辩技巧为"智"，于是，"智"脱离了对象的具体性，抽象为一般性的思维能力。斯多葛学派用"理性"替代"智"对思维的表征，此时，理性与智都在强调思维的认知功能。在斯多葛学派之前，毕达哥拉斯就用抽象原则说明感性经验，开辟了一条理性主义道路。巴门尼德规定了理性主义最基本的原则——确定性，不确定性的感性认识就不被肯定为"知识"而被定义为"意见"。苏格拉底从内容和原则上确立了理性主义，树立了理性的权威。他断言，只有智慧能够把握真实的存在（柏拉图称之为"理念"），它是灵魂的根本属性，有别于肉体的意志和欲望。理性主义从此被注入新的含义，即一种方法论的内涵、一种工具主义的内涵。斯多葛学派将理念称为理性，作为人机一切存在的存在根据和存在规范，也将智慧称为理性，并且认为只有理性，才能把握理性；同时，也只有神、天使和人拥有理性，于是，理性不但具有方法论意义，而且具有本体论意义和主体性地位。斯多葛学派为理性主义确立了基本的思想旨趣和思维原则，并为其后的理性主义坚守，2000 多年后的布兰顿表达出几乎完全一致的思想："用我们的理性和理解能力而把我们从万事万物中分辨出来，表达了这样一种承诺：作为一系列特征而把我们区分出来的，是智识（sapience）而非感知（sentience）。我们与非语言性动物（例如猫）一样，都具有感知能力，即在清醒的意义上有所意识的能力……而智识涉及的是理解或智力，而非反应性或兴奋能力。"在笛卡尔那里，理性不但与情感、意志等严格分开，而且在方法论上等同于"分析"，于是，理性就成为对"是"与"否"的判断力，苏格拉底那里流传下来的"理性即推理"的思想理路不再需要含蓄地表达了。弗雷格和罗素则完成理性主义向逻辑主义的最终转变，世界被定义为逻辑的世界，思想是逻辑图像，“事实的逻辑图像就是思想”。最终，理性等价于逻辑运算，并成为强人工智能的思想根据。由此能否得出“智能＝逻辑运算”？答案是否定的。

根据盖格瑞泽的适应行为和认知科学理论，生命行为就是对环境的适应而且是主动地适应，尤其是人的行为。在主动适应环境的过程中，人与环境交互式否定与推动，人的认知能力得以生成和发展；同时，人的实践能力也得以生成和发展。通过人的自我否定，认知能力从表象现象深入建构本质，从感性认知发展到理性思维，积极建立和积累一般性、普遍性的认识，为解决特殊问题尤其是可能出现的当下问题提供一般性的经验和原则。可见，认知是决策的前提，并以决策为目的。同时，学习是提高认知能力的必要手段，也是最为高效的手段。现实的个人当然可以在个体实践中获得直接经验和新的知识，即“通过反应的结果所进行的学习”（班杜拉），更多的学习内容却是在社会生活中，以非遗传的方式在同代和代际那里传播的间接经验和已有的知识即“通过示范所进行的学习”（班杜拉）。知识一经出现就立即成为智能行为的基础，智能不再局限于感性经验的累积、分析和抽象的能力，更加上升为知识搜索的能力和寻找满意解的能力，实现了智能的再一次的质的飞跃。因此，尽管科学家和哲学家对智能有着千差万别的理解，但达成了以下共识：智能所表征的能力不仅限于认知功能，还有决策能力和学习能力。也就是说，智能≠逻辑运算，智能 >> 逻辑运算，准确地说，智能远远大于逻辑运算。

智能可以看作生命进化最后环节的产物，是具有最高意义的生命行为，是生命解决生活问题的意识能力。根据对人脑已有的认识，结合智能的外在表现，我们可以确认，智能核心在于思维，它会构建起关于对象规律和本质的抽象性认知。智能来自大脑的思维活动，也可以看作大脑从事思维活动的能力。不过，智的全部能力却根据智能对自身存在进行感知和认知，即自我意识。也就是说，智能的根据在于自我意识，尤其在于为保证其存在的生命冲动或者说欲望及其由此而延伸出来的主体性意识。同时，智能根据的自我意识不但表现为个体的自我意识，而且表现为人类的自我意识，并被上升为道德范畴，从而成为人类一般的、普遍的意识能力和意识内容。

由于人的社会性，智能当然就是社会性行为。加德纳即把智能定义为在某种社会、文化环境或文化环境的价值标准下，个体用以解决自己遇到的真正的难题或生产及创造出有效产品所需要的能力。有效产品既有物理产品，也有非物理产品，那么，智能的对象也就既有物理对象又有非物理对象。苏格拉底把“智”上升为对“善”的形上把握，并赋予其道德和社会意义。在儒家的思想体系中，“智”是儒家理想人格的重要品质之一，是道德体系中不可或缺的内容。佛教的“智”，指人们普遍具有的辨认事物、判断是非善恶的能力或认识。需要注意的是，多元结构的智能的各个维度并不是独立的或孤立的，因为任何一个维度都不能独立地完成自己的使命，任何一个维度的独立性或特殊性都不在于其自身而决定于当下的问题。斯皮尔曼就将智力因素分为G因素（一般因素）和S因素（特殊因素），并声称是G因素而非S因素决定智力的水平。

我们之所以把智能看作对“是”与“否”的判断力，其根据在于我们把意识分解为认知、情感、意志三个方面，并把它们隔离开来。笛卡尔式的思维方式在分析思维对象的各个侧面或各个要素上是有效的，它适应了我们有限的思维能力和刻板的语言规则，但所谓认识是整体性认识，而整体总是不小于部分的和，更为重要的是，我们认识一个对象，并非为了清晰它的现象，而是为了把握它对于“我”或者说对于实践的价值，并以此生成思维的意向性。如果抛开想象力、情感、意志等被分离出去的意识形态，我们不可能生成意向性，不可能理解对象的意义，即不可能把握对象。当这些方面或要素重新复合起来回归对象本身时，“总和”从来不会等于认知、情感、意志的物理相加。总之，没有无知无情的“意”，也没有无知无意的“情”，更不会有无情无意的“知”，任何意识行为都只能是知、情、意统一的意识行为。

“理性为原理之能力”，从有条件追溯无条件。即使我们形而上学地分离出认知功能，并把它理解为智能或者说智力，那么智力既会表现为对量的识别，也会表现为对质的认识。准确地讲，智力表现为认知对象的质与量的统一在思维中的重构。我们之所以说“重构”，是因为思维材料收集于认知对象对感官的显现，而思维对材料的处理总是基于思维的能动性，因此，认识不是“再现”或“再建”，而是主体的“重构”，即对象性认识。思维的重构当然会以思维的材料为基础，但思维重构的目的却是对意义的发掘。那么，无论理性的对象还是理性的过程，一定都渗透了人的主体性，充盈着人的能动性。没有了主体性和能动性的情感、意志等所谓非理性意识形态，理性也就失去了思维的能力和动力，“凡是有某种关系存在的地方，这种关系都是为我而存在的；动物不对什么东西发生‘关系’，而且根本没有‘关系’；对于动物来说，它对他物的关系不是作为关系存在的”。

因此，理性不会是简单的推理能力，即使它经常表现出对推理的偏好，因为意义不会全部涵盖于逻辑，而会更多地延展在逻辑之外；相反，智能、思维、理性只能是认知、情感、意志的统一，至少以统一认知、情感、意志为必要条件。因此说，如果我们把理性回归为原理的能力，那么直觉就是最高的理性。如果我们把理性界定为逻辑推理的话，那么智能在思维方式上，就应该以理性为环节并实现对理性的超越，即直觉。智能以直觉为思维方式，才有可能否定工具理性的确定性和必然性假设，也就有可能具有可错性和创造性，从而实现认识世界的两次飞跃、实现改造世界的根本飞跃。人正是依靠直觉思维能力，能动地认识世界、改造世界，确立自己的主体地位。

二、人工智能的能力边界

在人工智能的定义中，麦卡锡的定义得到了比较广泛的接受：人工智能就是要让机器的行为看起来就像是人所表现出的智能行为一样。“看起来像”就明确了“不是”，机器的智能不是真正的智能，或者说，不过是一种隐喻而已。人为了自己“偷懒”的需要，将连续的机器动作连接在一起，组装成一个机器“黑箱”，就像洗衣机一样。人类把劳动从若干分解的操作动作简化为一个命令输入，然后就可以静待取出干净的衣物，而无须在过程中多次介入机器的运作。利用机器，操作者可以在过程中置身事外，于是，我们说洗衣机是智能的，因为我们既减少了自己的体力劳动，也减少了自己的脑力劳动，仿佛古代或中世纪对奴隶等“他者”的驱使和奴役。

这样看来，人工智能的修饰语“人工的”（artificial），首先，申明了人工智能作为创造物的本质地位，是社会实践的工具和产物，即“非天然的”；其次，相当于古汉语当中的“伪”即“假”，“假”并非“虚假”“不真实”，而是“代理”“借用”或者“非原本”“非本真”。人工智能就是对智能的模仿，准确地说，对智能工作方式、工作方法和工作过程的模仿，但模仿只能是赝品和A货，智能与人工智能有着本质的不同。

人工智能没有生命冲动，也就没有欲望，更没有自我意识，所以，也就没有自主进化、独立发展的能力，只可能发生数据的倍增和公式的卷积。人工智能全部“行为”限定于操作者设定的动作，既不会超出也不会按照自己的目的去改变，它连“自己”的概念（准确地说，“自己”这个概念的意义）都没有。没有自我意识，也就没有与环境互动的欲望，当然也不存在与环境互动的可能，只有根据预定程序的对输入数据的逻辑运算。如果说智能是人的主体属性，那么人工智能则是人的主体意志的体现。人工智能是人类改造世界的结果也是人类改造世界的工具，既没有本体论意义，更不具有主体性。因此，人工智能也就没有社会性。人工智能与手机等信息终端一样，仅仅是社会主体交往的物理中介。一个具有表情等社交能力的机器人，为了良好的人机互动，也需要表现出情绪来，至少它必须礼貌地和人类打交道，但是，这些全部都是一种人工设定，而不是自觉的主体性行为。由于社会主体之间（人工智能的设计者与使用者）的交流在时间和空间上的“异在”，人工智能在空间上凸显出在交流中的在场，于是被社会主体误认作交流对象。人工智能不是社会交往的主体，社会机器人或者是一个虚概念，或者是一个隐喻。

有人提出，弱人工智能没有自主意识，但强人工智能却可以通过极其复杂的程序来推理和解决问题，可以独立思考问题并制订解决问题的最优方案，甚至有知觉、有自我意识、有生命本能和自己的价值观和世界观体系，因此，也可以自我进化。一句话，强人工智能是真正的智能甚至高于生命智能的新智能。“强人工智能观点认为计算机不仅是用来研究人的思维的一种工具；相反，只要运行适当的程序，计算机本身就是有思维的。”也就是说，机器不再“像”人一样思考，“像”人一样行动，而是“同”人一样思考，“同”人一样行动，并且是理性地思考、理性地行动，这里“行动”应理解为采取行动或制定行动的决策，而不是肢体动作。所谓真正能推理和解决问题的强人工智能，且不要说它在哲学意义上的虚无，即使在科技上也不可能。可以说，智能的人工智能完全建立在一系列的假设、理想甚至幻想之上。

以现在的思维科学水平，我们谈论智能时应该诚惶诚恐、如履薄冰。人类自认为最为成熟的物理学“到现在为止研究过其微观结构的物质很可能只是宇宙中物质的小部分（5% 左右），而绝大部分物质的本性还或多或少地停留在理论推测之中”。我们对智能的认识基本局限于外部现象，根本没有真正认识智能的本质、工作原理和工作过程，可以说，仍在管中窥豹，坐井观天，其中充满了猜测和臆想。因此，我们没有能力为智能设定能力边界，更没有能力谈及模仿。人脑工作过程的确有生物电现象，但仅凭此点就把智能还原为物理电运动非常牵强和荒诞，更何况把智能的工作原理和工作过程还原为电的工作原理和工作过程。强人工智能论至少同意以下观点：人不过是一台有灵魂的机器，大脑本身只是一台机器。他们只是重申了拉美特里的思想。拉美特里为人类从上帝那里争取自由和主体地位起到重要作用，但他的唯物论是机械主义的唯物论、物理主义的一元论，否认不同运动之间的质的差异，无视物理运动上升到生命运动后运动所发生的质的跃迁。“人是机器”把生命运动还原成物理运动，完全混淆了生命运动与物理运动。智能与人工智能存在质的不同，智能存在和体现于人内在的精神生活，人工智能却仅停留于机器外在的部件运转。

强人工智能论坚持逻辑主义原则，把情感和意志等所谓非理性意识形态排除在思维之外，智能被狭义地定义为逻辑运算能力，即大脑被简化为生物的信息处理器。然后，裁定了它的逆命题的正确，如果一台机器可以处理信息，它就拥有了思维。问题在于，思维不是纯粹的信息编码，推理和决策同样不是逻辑运算，它们的确有信息编码过程、逻辑运算过程，但这些过程是为意义服务的，而且是在意义的条件下完成的。塞尔认为，意向性是一种自然或生物现象，是自然生命史的一个组成部分。他的中文屋试验证明，机器可以运行特定程序处理编码形式的信息，给出一个智能的印象，但它们无法真正地理解接收到的信息。真正的思维是认知、情感和意志的统一，它具有非凡的想象力和创造力，并且是在想象和创造中处理信息、理解信息、做出推理、做出决策的。人工智能只是一个模仿式的输入输出过程，而且完全没有意向性，它都没有可能通过一般性的图灵测试。

强人工智能理论把智力设定为纯粹的逻辑推理能力，纽厄尔、西蒙明确地表达了这样的观点：智能是对符号的操作，最原始的符号对应于物理客体。符号假说奠定了强人工智能论的理论基础，但完全颠倒了智能与逻辑的关系。思维为有效地把握现象、积累经验，建构起对象世界，并无限地从具体中抽象出所谓的普遍和一般也就是广义的逻辑。逻辑是思维的产物，思维建构了逻辑。操作符号的确是智的能力，而智能不单纯是符号运算；操作符号是评价智力的必要条件，并不是充分条件。而且逻辑并非对象的普遍和一般，而是思维以注意到的对象的特征为变量建立起来的抽象的模型，它的意义并不在于正确地反映对象，而在于有效地实践。因此，智能的逻辑思维在一定程度上表现为对符号的操作，但是，它既不对应于物理客体，也不会体现为永恒，而是对应于实践客体，并处于无限的试错当中。人工智能在认识论上建立在表征理论之上，在本体论上是逻辑的实体化。人工智能以表征符号为数据，以电运动形式实现的以物理实物为介质的逻辑运算，诸如分析、推理、判断、构思和决策等人工智能活动，包括机器所具有的自动控制能力和根据环境自我调节的能力或者应激性等，只能按照预先设定的确定性和必然性运行，即使模糊判断、概率程序、卷积运算、监督学习也不过是设定程序的运行和固定公式的计算。

机器的“智能”被必然性约束在一个既定的封闭空间——基础算法不可突破，机器也无法突破，因此，人工智能拒绝错误。从本质上说，所谓错误就是对现有逻辑的破坏，而否定旧逻辑正是建立新逻辑的必要条件，正如布兰顿所说：“错误经历就是实现真理的过程。”无论学习、创造和认知都是旧逻辑的否定和新逻辑的建立。可见，人工智能不可能拥有学习能力，也不可能拥有想象力，当然也就不可能拥有创造力，当然，学习力、想象力、创造力相辅相成、互为因果。在人工智能那里，程序可以无限运行和自我生成，不过，全部的运算都是量的扩张与叠加，因此，任何质的发展和创造都被严格地排除。深蓝可以让卡斯帕罗夫认输、AlphaGo可以让李世石投子，但它们没有胜利，它们根本就不知道什么是胜利和为什么能够胜利。学习力、想象力和创造力的缺失，以及欲望、情感、直觉的不可能，从根本上决定了人工智能只是一台被操控的机器，而不会有真正意义上的“自动”，更谈不上自觉。

强人工智能论把智力水平的评价标准设定为信息的存贮能力和计算速度，强人工智能的可能性必然地依赖于技术能力无限性的假设，也依赖于科学知识无条件性的假设。强人工智能论几乎设定强人工智能机器计算速度为无限快，加里斯认为，至少高于人的思维速度的1 024倍。机器之所以有如此高速的计算能力当然在于机器元件的工作速度，加里斯之所以相信机器元件的如此高速在于他对摩尔定律的信仰。尽管被验证了半个多世纪，摩尔定律仍应该被认定为观测或推测的假说，而不是一个物理定律或自然法则。任何物质介质都会有自己的物理极限，物质的这种自然属性严格地限定了机器的运行速度和性能，因为任何先进的技术也必须实现于一定的物理实体。摩尔法则一定会崩溃！不仅在技术方面，即使在理论方面，强人工智能的预测都建立在科学理论没有约束条件的无限推论之上，但任何科学理论都是有条件的，都是一定条件约束的特例。机器的贮存能力和运行速度一定是有限的，尽管我们努力地放大它们，但这是一个不容忽视的基本事实和理论条件。

三、人工智能的价值边界

人工智能对个人生活产生了深远的影响，它可以完成枯燥的重复劳动，可以提高劳动生产率，使人最大限度地从体力或操作性工作中解放出来。人们因此可以更多更好地从事创造、情感和思想等工作，“使我有可能随我自己的心愿今天干这事，明天干那事，上午打猎，下午捕鱼，傍晚从事畜牧，晚饭后从事批判，但并不因此就使我成为一个猎人、渔夫、牧人或批判者”。

人工智能在形式上模仿着人的智能，在效果上超出人们的预期，以至于激发起人们无限丰富的想象和期望。正如爱因斯坦所说：“我们时代的特征便是工具的完善与目标的混乱。”也许资本推动，也许宣传需要，也许人类关怀，社会出现了三种对人工智能的极端预判：第一种预判充满了乐观和积极，他们把强人工智能赋予创造人类幸福的力量，人工智能成为人类幸福生活的承诺；第二种预判恰好相反，他们把人工智能看作人类存在的终结者，人工智能会出于自身的需要消灭人类；第三种预判与第二种预判一样，不同的是“对这种结果的态度”，他们认为，这是自然进化的必然和必要的结果，也是人类文明的光荣和延续。三种预判都有一个前提，即强人工智能。强人工智能只是一个建立在一系列不真实的条件之上的虚幻假说，而一个不可能的假设之所以引出诸多哲学、社会学的伪命题，根源在于基于人的生命本性而出现的宗教情结。生存欲望和保证生命绵延的本能意识是恐惧，没有恐惧就没有有意识的生命绵延，因此，人们恐惧超自然力量的危险，也渴望超自然力量的护佑，所以，以色列人创造了金牛犊。超自然力量在科学面前分崩离析，可与生俱来的生命恐惧却不会消失，图腾崇拜从天上降到人间、从超自然力量转向人的力量，宗教迷信转变为科学迷信。其实，每当认识世界或改造世界的能力有了质的进步的时候，新的科技成果都会受到人类情不自禁地崇拜与恐惧，这些全部都在表达着人类对自我力量的崇拜和对幸福的期待。人工智能它既没有能力担负人类幸福的承诺，也没有能力成为主导物种而自觉地去消灭人类，除非人类主动地消灭自己。人工智能不过是又一次的技术进步，是人类解决问题的一个全新的方案。人工智能不是人的智能，也不能像人那样思考，更不会具有自我意识、主体性和社会性。在“人工智能”这个概念当中，所谓“人工”就是外在现象的模仿，所谓“智能”根本是一种修辞或愿望。

不过，人工智能所引起的社会问题的确需要我们认真应对。首先，当下的紧要问题是人工智能正在快速地替代目前正在承担工作的人类，许多人因此失去或即将失去劳动岗位。当然，这是技术进步固有的负面社会影响，蒸汽机的发明、电力的发明都曾经如此，工业革命就曾经被咒骂制造了“撒旦的黑工厂”。新技术必然地要取代人类从事的一些劳动，这也是新技术的价值；但它并不是要取代人的价值，相反，是让人从较低的劳动上升到更高的劳动，从而提升人的劳动价值、提升人的生存意义。只是在这个上升的过程当中，人需要否定自己、提升自己，否则就会带来一定的困扰和痛苦。如何以最快的速度、最小的代价完成人工智能推动人的自我否定过程，是我们切实需要思考和探索的问题。

其次，更为久远和尖锐的问题是，技术没有道德属性，人工智能可以提升人类的生活品质，也可以毁灭人类；不过，毁灭不是机器对人的反捕，而是人类的自杀——人类操控机器来高效地毁灭人类。因此，我们不必担心机器变得像人，而必须担心人变得像机器。技术一定要注入人性，将我们的价值观注入技术中，让技术成为对社会、对家庭更美好的承诺。有一种所谓的宇宙主义，认为强人工智能有着超人的智能，比人类具有更高的生存权利和存在的优越性，因此，人工智能应该和必将成为地球的主导物种，而人类应该和必将像恐龙一样成为历史。这样自然界才回归了进化的正轨。显然，他们混淆了生命与非生命的界限，机器代替不了生命，但是，可怕的是其深层的反人类思想。以智能水平评估生存权利，这是典型的社会达尔文主义、“丛林法则”的信仰者，完全否认了生命的价值和人的意义，为强权政治、种族灭绝辩护。人工智能研究必须坚持人本原则，必须坚持技术为人类所用，必须坚持在不危害人类根本利益的前提下健康发展。

霍金悲观地预言：“成功地创造出人工智能是人类历史上伟大的进步，但这极有可能是人类文明最后的进步。”这里需要修正的是，不是“人类历史”也不是“人类文明”，而应该是“理性主义”，准确地说，“逻辑主义”。理性主义的精神开启了近现代科学和技术，创造了当代令人类自身都为之惊叹的进步，但理性主义以可分析的假设为起点，假设了思维及其对象的可分析性；逻辑主义以精致的语言、严谨的规范构造了一个确定性和必然性的分析空间，也就虚构了一个与世界相分离的实体，拒绝着思想的丰富性和无限性。人工智能是逻辑的实体化，也是逻辑主义最高的物质成果。严格地讲，逻辑空间是一个表达的空间，不是一个思想的空间，而思想空间应该先在于表达空间，也决定着表达空间。如果相反，以思想空间论证表达空间，一定会产生诸多无意义的概念和只会产生争议的伪命题。可以说，人工智能是人类历史上伟大的进步，但强人工智能只是乌托邦式的幻想。机器模仿人类的运作模仿到完美无缺也不能证明它不只是一个复制品，它们也并没有生命，更何况“模仿”也只是一个暗喻。人工智能不会造福人类，除非人类利用人工智能为自己造福；它也不会毁灭人类，除非人类利用人工智能自我毁灭。

第二节　思维、情感及人工智能

一、人类个体的生成分析

我们能思考，不能少了“基础设备”——大脑，大脑是人类运转的中枢，使人类感知世界和自我。婴儿在观察周围环境，听旁边的声音，感受着触摸，嗅到味道，这些都在影响思维的建立，形成印记保存在头脑里。逐渐地，婴儿开始有“你，我，他”的概念，开始学习说话，知道某种发声、形状对应的物件，能大概听得懂语气的情感，等等。这样一直到读幼儿园、小学，开始系统地学习知识、文字，思维已初步形成，从各个途径懂得了世界的很多常理，有了地图感，初步知道了空间、时间的概念，能读书、写字。接着，又进入初中、高中，再经过高考洗礼，跨进大学，然后可能读研、读博或者直接进入社会生活，这样一个人类个体的生成就告一段落，未来等待他的是悠长生活的岁月。

二、人的思维分析

人有空间模拟思维、逻辑思维、语言思维、忆想思维、想象思维、联想思维，等等。这些思维归根到底都是人在拥有独特大脑的基础上，经过社会活动学习和锻炼练就的思考技能，然后人类就把它们举一反三，灵活地运用到各个场合，形成了人独有的智能。万物是活动的，人也是活动的，在应对外界复杂改变的刺激下，人的大脑也在快速活动着，产生各种记忆、观念及想法，然后决定人类个体在未来做何事、做得怎么样和为什么做，这样又影响了世界的发展，所以说人和世界是相互作用着的，我们本来就是世界运动的一部分。

三、人的情感分析

大脑是怎么判断运行事件生成不同的应激反应呢？笔者认为，是思维、记忆和本能共同决定的。我们悲伤、开心不是因为我们愿意怎么就怎么，而是我们经历的事形成大脑运行事件，由思维、记忆和本能决定的另一个“我”来进行判断，“我”是隐藏着的，却真实地决定我们的喜好，是以前生活的总和。多久没吃，身体信息传到大脑，就饥饿；吃了，味道可口，就满足，下次还想吃；吃多了，没新意，腻了，就反感，过一段时间再吃。人的情感是繁杂的，但是原理却是简单的。

四、人工智能的实现

有两种思路，一种思路是完全模拟出人的思维的诞生方式，造一个高度仿婴儿机器人，让他在后天教育下慢慢学习、慢慢成长，这种方式符合自然的规律；另一种思路是，造一个仿少年机器人，拥有各种基本思维技能，拥有“我”的架构，让他在后天的教育下学习语言、文字、知识和常识，产生记忆，这种方式有利于机器的实现。因为未知的知识体系，笔者大概地讲下后一种，机器人拥有大脑，拥有身体，拥有视觉、味觉、触觉、痛觉感应器并与大脑相连。为什么现在设计出来的机器人很笨、很死板、无智能呢？答案就是他们没有思维，我们要制造人工智能就要克服这些，要让机器模仿人的思维去思考问题。作为基础，他有本能模块、情感应激反应系统、“我”结构系统、注意力模块、空间模拟思维模块、忆想思维模块、总结思维模块，等等。我们要做的很多，笔者浅谈下这几个模块。本能模块就是实现人工智能对某些事件自动反应；“我”结构系统是判断大脑运行事件对人工智能该如何反应的系统；情感应激反应系统是“我”结构系统判断完后操纵神经系统应激反应的系统；注意力模块是控制人工智能关注某个声音、某块图像、某个身体位置的模块；空间模拟思维模块是人工智能思考的很重要的模块；忆想模块是使人工智能具备回忆以前非完整图像的功能的模块；总结思维模块，是使人工智能具备通过某事寻找其中规律的功能的模块。拥有了所有人思维基础的综合模块后，再进行整合，然后我们就可以对这个人工智能进行教育。

第三节　人工智能与公共拟制

现代人类社会政治生活的秩序依托于现代公共拟制（Public Fiction）。公共拟制建立在人类的日常理性基础上：基于生命、财产与自由的基本价值，建构了宪政、民主与法治的基本制度。这些基本价值与制度与人之外的他物无涉。人工智能的诞生及其飞速进步，促使人类重思这些已经被现代人视为当然的公共拟制。因为人工智能的发展，已经展现出人机关系的广泛想象空间：人工智能在经历了一个人工绝对控制阶段后，正向人机相间、人机融合、超人类智能的方向演进，这必将对现行的公共拟制发生重大影响。

17 世纪以来，人类社会基本上运行于“人”“社会”与“政治”的拟制基础上。直到 21 世纪初期的科学技术革命，让人类不得不面对并思考可能完全不同于从文艺复兴到启蒙运动以来的“人”的拟制。从思想史的角度来看，关于现代“人”的拟制，之前已经出现了两次重大的转变，一是尼采所称的“上帝死了”之后的、寻求强力的“人”；二是福柯所称的“人死了”之后的人的碎片化。但这两次转变，并没有从根本上动摇近代所确立的“人”的拟制。只不过在结构要素上出现了排列组合上的变化。但 21 世纪初期以来关于“人”的拟制，受到“人”的自然结构几乎倾覆、社会政治结构因之发生显著改变的影响，其拟制的颠覆性质，远非尼采、福柯的宣称可比。

凸显这一挑战的科学技术革命，是由多方面的成果呈现出来的。信息科学、生命科学和材料科学被称为当代三种前沿科学。人工智能、基因技术和能源革命则构成当代三种前沿技术。科学技术革命促使人类急促地思考“超人类革命”，它对人类社会习以为常的“人”的拟制具有极强的冲击力。原因很简单，拥有人的卓绝智能，一向是现代“人”的拟制中最有力支撑“人为万物的尺度”这一立论的根据，理性精神是现代“人”的拟制中最足以说明“人”为万物灵长的理由，如果人工智能达到与“人”媲美的智力水准，那么“人”是否还成为“人”？

一、演进的人工智能公共拟制

当前的人工智能技术，远没有达到颠覆现代“人”拟制的高度。不过，人与机器的关系是演进的。这一演进过程，大致可以划分为三个阶段：第一个阶段，人是绝对控制机器人的；第二个阶段，人机对应的社会建构开始出现，“机器人权利”的问题被提出来，“机器人公民身份”不是科幻人物身份，而是对人工智能机器人的赋权；第三个阶段，也就是一个远景的阶段，当机器人成为一个有自我意识的新的自我时，人机高度融合，此时，由现代理性哲学确定的“人”的命题，也就是现代“人”的拟制，可能会遭遇强劲的挑战：人类会不会反而成为机器的工具？人们需要对人工智能发展步入第三个阶段做好心理准备。

在人工智能的三个发展阶段上，第一阶段由人绝对控制的机器人早就广泛地应用于工业与商业领域。这种应用，将人从繁重的体力劳动中解放出来，受到积极的倡导和正面的评价。尽管中间有机器排斥人的质疑，但人们不曾因此相信人工智能取代“人”，“人”被机器完全替代、制约甚至控制。进入人工智能发展的第二阶段，人机关系的道德与否，已经成为一个此前不曾考量，而今必须严肃思考的新问题。如果人机关系不能仅仅设定在人随意使用机器的状态，那么，“机器人”的权利应不应当受到尊重，就成为一个权利哲学的崭新问题。如果真正步入第三阶段，人机关系的人为控制颠倒为人机混生，甚至是机器控制人的状态的话，那么可以想见，人类数百年熟稔于心的公共生活就会遭遇彻底的颠覆。

现代“人”的理性“自我”意识，是人类考虑既定“人”的拟制条件下遭遇的所有问题的前提。一旦人机关系从人对机器人、人工智能的支配关系改变为人机混生的关系，姑且不说人机关系变成机器或人工智能对人的支配关系，那已经意味着近代以来人类建构的主客观世界确定不移结构的大翻转。对此，一部分人对人类控制人工智能的信心依然是满满的，但另一部分人对未来可能的失控局面感到忧心忡忡。这都是有道理的。这两种心态，都源于当下人类社会对人工智能控制的前景不明。直到今天为止，人类社会都是以人绝对控制机器作为处理人机关系的预设前提的。关于人机关系的基本规则，都来自文艺复兴和启蒙运动以来形成的人类中心主义。这个既定规则体系，在人机关系可能发生扭转的情况下，也就是说在人不一定能完全控制机器，甚至人工智能机器进入人身体变成人的一部分，或者人工智能机器人具有超人类的智能，人机已经无法从边界上严格划分的情况下，人机关系似乎有一个彻底重构的必要。

人工智能与公共拟制关系演进状态以三种情形呈现出来：首先，像 AlphaGo 对程序化的人类生活或人类生活手段的颠覆，意味着我们来自古典时期的公共理性正在经历一个重建过程。尽管人类的日常生活显得非常琐碎、庞杂且茫无头绪，其实稍经分析就会发现，人类生活常常遵循一定的程序。只要人工智能将这些程序行动加以数据化，机器人就可以模仿人类的生活样态，并且与人类展开竞争。AlphaGo 之所以能够击败超一流的围棋选手，就是因为一旦将人类围棋手的复杂着棋程序化，它就超出了某个棋手的着棋能力，当然也就能战胜他。再譬如投票预测，人们对投票进行预测的一般方法是民意调查，但通过广义的人工智能的模拟演算，已经能相当精确地预测到选举结果。

其次，当人工智能的发展达到第二阶段的时候，现代公共拟制中的制度设计理念，也就是功利主义的理念，即“最大多数的人的最大幸福”就会以人工智能的方式全幅呈现出来。这是现代公共拟制的制度层面尚未能实现的目标。但现代公共拟制的结构性变化由此可以预期。其一，既定公共拟制的成员资格会发生变化。在人的智能谋划中，成员的理性计算和理性判断是其在共同体中选择某种行为的依托。但这类计算和判断，融入了人类的欲望和情感。两种力量的交融，合成一个公共世界的共通自我，从而呈现出某种趋同性的公共行动。而人工智能对这种公共拟制会发生颠覆作用，因为人类原来的选择说到底都是自己理性计算的结果。如果这样的计算被人工智能所引导，意味着既定的公共拟制正在发生颠覆性的革命；其二，如果人机混生，人与机器人的界限模糊起来，人机二元的边界固定思维随之失去依托，那么会进一步对现代政治学最重要的权利假设造成极大冲击。人工智能，不管是 AlphaGo 试验还是索菲亚实验，如果不能最终预期机器人替代人的劳动，因而具有永久性使用和无限制使用的效用，那么人对机器人的支配就是一个预料之中的结果。但在索菲亚实验中，其设计的自我意识一旦弄假成真，那么机器人与人的关系准则就势必彻底重构。人对自己设计的机器人应当沿用权力哲学还是权利哲学相待，已经是一个现实问题。作为公共生活拟制者的人类，确有合德地对待机器人的必要，否则人机关系就会一直处在一种非道德的控制状态。

最后，按照文艺复兴和启蒙运动以来的主—客体关系建构，人类作为主体控制人工智能并让它永远成为客体且为人类所用，便是天经地义的事情。如果人工智能产品这个被设定的客体进入了人的身体，如前所述，权利哲学的适用性问题就出现了。建立在特定的现代人拟制基础上的自然法、人定法适用对象会不会发生变化呢？当人机都被约束在守法边界内，认定什么是违法犯罪，以及裁决违法犯罪的法官，就不再是一种既定性设计，而必须适应新的公共生活规则。从远景看，人机高度融合，再经由基因编辑实现了人的永生，今天那种建立在“向死而生”基础上的公共拟制就可能变得完全没有意义了。这是人类必须面对的两种处境：人工智能的技术想象与人类社会的政治想象必须携起手来，从现实出发，面对未来可能，才能构想新的公共拟制，以应对可能的全新人机关系态势。

二、管控人工智能

可以肯定地讲，人工智能不是要不要治理的问题，而是要怎么治理的问题。关键在于，人类采用什么样的治理手段，才能将人工智能控制在人类可以成功掌控的范围内。

治理是人类活动的一个基本事务，其突出的特征就是民主治理、多元共治。对于人工智能的多元共治来讲，疾速发展的技术及其担当技术的人群、对人工智能发展加以管控的公共政策决策者，以及对人工智能的发展颇多构想的思想家，需要携起手来，从公众关注、政策制定、政治谋划、未来影响、哲学解释诸方面，对人工智能的发展进行有效治理，从而保证人工智能造福于人类社会。

关于人工智能的治理，目前倾向性的治理思维与实施建议是强化人类对人工智能的绝对控制。对人工智能加以治理可能会出现两种效果，一是善治，二是失治。善治是发挥参与治理各方的积极治理愿望，激活有利于治理的种种要素，聚集有利于治理事务的诸种资源，顺利展开治理过程，并且实现参与治理各方的治理愿望的结果。失治也就是失于治理，是指治理过程中每个环节都出现问题，而且在动用治理的政策工具、可用资源与实施举措之后，仍然未能解决治理问题，甚至完全束手无策、不知所措。

面对人工智能的治理局面，人们已经展开的运思是在人工智能发展到今天的局面下最能控制局面的治理设想。从总体上讲，对人工智能加以有效管控，是相关治理的趋同思路。这是建立在“人”及其社会政治建制的经典拟制的基础上的，是将人与人工智能机器人截然划分开来的一种思路。其基本治理思路由四个要素组成：一是预估人工智能的伦理与社会影响，据此为人工智能的有效管控或治理提供依据。人工智能必须接受现代基本价值观的检验与测度，这样才不至于让人工智能陷于疏离，甚至背离人类基本价值的危险境地。二是对人工智能采取有效的法治约束。首先，应从国家基本法即《宪法》着手，治理保障“人”的尊严，对一切不利于维护“人”的尊严的人工智能探索加以严格限制，对所有可能导致人类基本规则失效的人工智能的颠覆性革命进行有力控制，不让人工智能的发展快到失控的状态；其次，从人工智能发展的直接监管上着手制定相关法规。《公平信息处理条例》《隐私保护指引》《数据保护指令》等如此诸类的立法都应及时跟进或改善。这样，就可望有效杜绝人工智能的野蛮生长，使其遵循相关的法律法规。三是进行强有力的行政管理，并建立有效的社会施压机制。这里的行政管理并不单指政府部门的管理，也包括公司行政、政府行政与非政府及公益组织行政管理等方面。其中，政府部门对人工智能的监管是最重要的。因为政府部门具有大范围、深程度地动员资源的能力，而且具有国家权力强力推进相关研究进程的巨大能量，因此，政府必须克制单纯推进人工智能的片面政策动机，真正实施有助于人工智能健康发展的公共政策；四是给予人工智能以有效的哲学解释，以疏解人们对人工智能的理论知识与实践知识的无知而导致的紧张。学者要从哲学的角度，科学地表达对人工智能不可能挑战人类智能的信心；人工智能从业者对人工智能诱人前景的描述与有效管控的刻画也有助于人们理解人工智能的可控发展态势。

无疑，对于人类来讲，这样的解释必须超越听之任之的技术乐观主义与绝不退让的技术悲观主义。从总体上来讲，今天对人工智能的管控还是相当成功的，这种管控据以建立起来的主客二分、人机二分的世界还能成功维持。

三、未来展望

人工智能的公共拟制在可预期的将来肯定会限定在人工智能的可控范围内。这是因为像人工智能这类模仿人的智能的技术革命，在人脑机能之谜还远没有揭示出来的时候，模仿性的人工智能是很难超越人的智能的。

在人工智能机器人发展的这一阶段，人们已经开始因应于人机关系的最新状态，对公共拟制进行重构。这样的重构因循两个方向延展：一是重构人类面对人工智能时代的政治关系；二是重构权利哲学视野的人工智能机器人的权利清单。这是人工智能高度发展以前不会触及的公共拟制问题。就前者来看，由于数据使用在政府、大公司与普通公民之间形成了不对称的关系，开展新型的公民运动成为必然。在人工智能时代，以积极进取的姿态处理好数据治理中的公民、政府与企业的多重公共关系，这是仅就既定的“人”与社会政治的经典拟制针对人工智能时代的公共拟制做出的常规性反应。就后者即开列人工智能机器人的权利清单而言，有人从后人类中心主义视角提出了人工智能机器人的权利问题，这显然是一种不同于“人”与立宪民主政治经典拟制的另一种公共拟制。《人工智能权利宣言》的出台，表明这种面向虚拟人的权利拟制已经成为重构经典权利哲学的一种新路径。此外，人工智能的权利确实是仿照经典的“人”的权利，尤其是社会政治权利拟订出来的。如人工智能机器人之所以被视为“人”且具有“人格权”的总纲，在这一总纲下宣示的人工智能机器人的“生命权”“财产权”“纳税人权利”“政治权利”以及“公民身份”，都显示出因应于人工智能机器人重构的公共拟制的模仿性。

从远景方面来看，依照人工智能发展的“奇点”论，将会出现的“机器之心”与“人心”相仿，甚至优于“人心”的技术转折点是完全可能的——从仿生人工智能起始，发展到人类水平的人工智能，再进展到超过人类水平的人工智能，最后出现自具理性与情感的超级智能，并不是天方夜谭。这里涉及人工智能发展的两个关键问题：一是人类水平或超人类水平的人工智能不存在技术障碍，因此，畅想人工智能的未来，绝对没有将人工智能完全置于人类绝对控制之下的理由；二是高水平的人工智能机器人的出现，一定会重构我们今天视为当然的现实世界秩序。规避人工智能给人类带来的任何风险，是一个面对人工智能可能重构现行的公共拟制的消极趋势；而积极筹划高水平人工智能时代到来时的公共生活，可能是人类面对人类水平与超人类水平的人工智能所应当采取的积极进取态度。

直到近期，人工智能机器人迅速表现出的优于人的智能的特点，具备编程设定的初步情感反应机制，让人类社会加紧思考一个人机共生时代的到来究竟意味着什么的问题。由此还进一步催促人类思考一个可能在心智和德行水平上更高于和优于人类的人工智能机器人对既定的公共拟制之基础假设的挑战，也就是人因理性和德行所具有的天生优越地位与万物等级区分是否还有理由延续下去。这是人工智能时代的到来对人类社会既定的社会政治秩序发出的最强有力的挑战。面对人工智能的疾速发展，公共拟制之所以必须改变，应当成为人类社会的一个共识——人类如果无条件捍卫文艺复兴和启蒙运动以来对“人”及其社会政治制度的经典拟制，将会陷入因拒绝适应、接纳和谋划“人”的巨变时代而导致的僵化被动境地。

已经有人明确指出，先期谋划一个人类社会与人工智能机器人友好相处的关系结构，乃是一个明智之举。当人机高度融合为一的时刻出现的时候，可能何谓“人”的定义、权利哲学的基准、权利保护的机制，都会出现出人意料的惊天改变。只不过这已经超出了“面对人工智能的第一代人类”的想象能力了，面对人工智能发展难以预期的未来，谨慎以待，积极应变，也许才是王道。

第四节 人工智能的异化与反思

人工智能给人类生活带来了巨大的便利，帮助人类创造了许多奇迹，其影响的深度和广度都空前提高，以至于人类已经依赖人工智能并习惯生活在有人工智能的环境中，然而人工智能异化也日趋严重，已经影响到了人类的生存和发展，探讨人工智能异化问题具有重要的现实意义。

一、人工智能异化及其根源

（一）人工智能异化的含义

人工智能异化是以异化为基础产生出来的。“异化”一词来源于拉丁文，具有脱离、出卖、受异己力量统治、让别人支配等意思。在哲学史上，首次系统地阐述异化概念的是黑格尔，他强调“异化是主体与客体的分离与对立”，认为绝对精神作为主体异化为客体。马克思认为，“所谓异化，是指主体在一定的条件下，把自己的素质或力量转化为跟自己对立、支配自己的素质或力量，用以表达主体向客体转化的关系”。可见，异化可以被理解为本身活动所创造出的东西即客体，经过一系列的变化，反过来支配、压抑、制约作为主体自己的现象。在人工智能迅速发展的今天，各种新工具、新机器相继被发明出来并在人类生活中获得广泛的应用，如苹果公司在 iPhone 里添加了“Siri”这个人工智能助理，通过语音指令，你可以让它为你查天气、设闹钟、搜餐厅等。游客可以带着 AI 翻译机到国外旅游，翻译机能够实时准确地把用户的对话翻译出来，达到无障碍对话的程度。人脸识别也已经广泛地应用到了我们生活的各个领域，在国内乘坐火车、飞机都可以通过人脸识别进行身份确认。然而，人工智能本身是人类智慧的产物，在人工智能发展的过程中，它便利了人类的生活促进了社会的发展，但人工智能在造福人类的同时，也反过来制约、统治着人类的发展，这种现象就是人工智能异化。在异化状态下，人不再处于控制人工智能的主导地位，人工智能不再是为人服务的工具，反而成了统治人本身、威胁人类生存的异己力量，阻碍着人的发展。

（二）人工智能异化的根源

人工智能发生异化的根源主要有三个方面，包括主体个人、人工智能技术本身以及社会发展方面。

1. 主体个人方面

人工智能异化在于应用的主体对人工智能的依赖性应用，在一些工作方面，它的工作效率和准确度已经远远超过人类，人类为了谋求生活和工作上的便利，对人工智能产生了依赖性，并去适应人工智能的发展。

2. 人工智能技术本身方面

人工智能本身就是利弊共存的一个整体，绝对是好的或绝对是坏的事物是不存在的。作为人的创造物的人工智能也是如此。人工智能有两面性，而不只是有利无害的，因此，即使人们按照良好的愿望去使用人工智能，其负面影响也会同时产生。著名科学家霍金指出人工智能可能是人类文明史上最伟大的事件，它要么是人类史上最好的事，要么是最糟的。一切技术都是有缺陷的，都可能对人类造成有形或无形的伤害，这跟人工智能由谁来使用、如何使用无关。如人工智能的进步，无人超市开业，从进门选购到支付，出门总时长相对于传统普通超市有了质的提升，大大缩短了消费者消耗在购物上的时间，也给予了更舒适更方便的购物体验，但这种后果又引起了收银员和导购员的下岗。2016年，AlphaGo 击败了世界顶级围棋高手李世石，人们在感叹人工智能的发展的同时也感受到了人工智能对人类的威胁，或许将来人工智能会取代人类，人工智能将会导致人类的灭亡。就像药可以治病也会带来副作用，完全没有负效应的人工智能恐怕是没有的。

3. 社会发展方面

社会发展的需要也是智能异化的重要因素之一。人工智能为人类所创造，是要为人们服务的，不同的时期社会发展的状况不同，所需要的科技服务也不一样。现如今社会发展到了一定阶段，对人工智能有需求，社会的发展也影响着国家的发展，希望国家发展得更快，俄罗斯总统普京曾说道："主导 AI 的国家将会主导世界。"无可争议，人工智能将会在未来几年爆发，它将影响全球，可能它就是第四次科技革命的到来。可以预见，在未来的一个阶段里，其将成为各个国家争抢的战略制高点，谁优先掌握了人工智能技术，谁就能在生产率上领先一个等级，从而在短暂的竞赛中获取压倒对手一个数量级的优势。

二、人工智能异化的表现形式

（一）人的异化

1. 本质的异化

人的本质被异化，成为抽象的人。人是不能用人工智能来把握的。因为人工智能由人类研发，像人一样拥有智能能力，它所追求的是高效的工作，它不具有自主思维能力，而人之所以为人就在于他的思维。现代语境下的人是被人工智能抽象化的人，导致了人的失落和被遗忘，人工智能将现实的"同类事物"集中起来，抽象出其"共性"，以达到对这类事物的"规律性"认识，人的活动成为与动物的求生本能相类似的活动，进而否定了人的本质。1997 年的 IBM 计算机"深蓝"战胜国际象棋世界冠军卡斯帕罗夫的事实，也使人的尊严在一定意义上丧失了。

2. 思维的异化

人工智能与我们的生活紧密联系着，人们在工作和生活中把人工智能视为不可或缺的存在，并对人工智能抱有极大的期望，认为人工智能未来极有可能发展到超级人工智能阶段，我们周围的一切都将由人工智能管理着。人工智能在当今社会能帮助人类解决多种问题，将来还可能解决所有问题，人工智能将无所不能，这种对人工智能能力的极端认可是人思维异化的表现。具体表现为对人工智能过分的崇拜和依赖，在生活中遇到问题时会考虑寻求人工智能的帮助，向人工智能寻求便捷。与此同时人类造就了人工智能，人类却反过来对人工智能有了敬畏之心，害怕在不久的将来会发明和人类相仿，甚至是远胜于人的超级人工智能，人工智能会对人类的生存造成威胁，担心人类给自己创造了一个对手，一个关乎生死存亡的敌人。

3. 个性的异化

人是不同的“个性化”存在。人不同于别人就在于有自己的个性，人工智能的飞速发展造成了人的“非个性化”，导致了人的个性的异化，致使人的“价值”和“意义”向度被忽视，使人成为动物。人们把人工智能技术作为工作和生活必不可少的手段，人的价值被边缘化。在这种“人才观”的影响和要求下，教育也丧失了自己的使命而变得程序化起来，在这种“程序化”教育下培养出来的人是一种无个性的“机器人”，个人教育被认为是一个独特的、不可重复的过程，然而现代教育也在变得程序化，由于各类学校和大学过于拥挤，在许多方面人们必须放弃追求自由和个人待遇的欲望，因而相反的情形就产生了，即人工智能的控制和随之而来的非个性化。

4. 能力的异化

人工智能几乎可以帮人们做到一切，这也导致人类各种能力的弱化。人的学习能力和记忆力会弱化，人工智能可以记忆复杂步骤，人们就会对知识和事物缺乏深入的探究。除此之外更为重要的是人们哲学思维能力的衰弱。人工智能可以干人类干的事，处理各种不同的事情。人们可能渐渐忽略不同事物之间的关联，以及事物内在的本质。把这种特点概括起来只有两个名词：关联、本质。哲学正是人们探索诸多事物之间的关联以及这些事物背后本质而发展出来的一个学科，而关联意味着全面、联系的眼光。从整体出发来看问题，本质则意味着好奇心和寻根究底的能力，这两点是哲学重要的特质，可以说在机器与人的界限越来越模糊的未来，是否拥有哲学思维将是人类之所以成为人类的必要条件，人类之所以成为人类的原因就包括拥有能够反思自我、探寻宇宙的哲学思维。人工智能的发展使人们对复杂事物不求甚解，不愿意去探究事物的本质，自动化的生产、流水线的作业、标准化的工种使人们缺乏用联系的观点看问题。

（二）社会的异化

目前每个国家都在运用科学技术促进本国社会的发展，人工智能作为高尖端技术之一，对推动社会进步的作用也是无可厚非的，人工智能诞生的初衷是作为人类工具的延长，人工智能只能作为人类社会发展的附庸和补充，但现在人工智能和社会的关系进行了互换，人工智能从作为社会进步的附庸慢慢地转换成了社会离不开它，社会的发展需要它，人工智能成为社会发展必不可少之物。人工智能对社会的经济发展效率、社会的综合治理水平等各方面的建设影响力都是很大的，人工智能在全方位、深入地影响社会发展，进而影响了整个国家，当今的国家实力已经是以科技创新为核心，人工智能作为引领未来的高新技术或将重塑国家实力。中国和美国作为人工智能领域的领导者早已开启了战略部署，其他国家也不甘示弱，英国政府就在2017年发布了有关人工智能的报告，指出要使英国成为世界上最适合发展和部署人工智能的国家。人工智能正在控制和制约着社会。

三、人工智能异化的反思

人工智能异化不可避免，我们应该对其进行哲学的反思，反思我们应该如何去消解人工智能的异化。从哲学的角度分析我们必须树立正确的价值导向，坚持以人为本，把人的自由全面发展作为衡量人工智能发展的标准。

树立正确的价值导向。人工智能和人类之间的关系变得越来越密切了，人是社会发展的主体，人类应该拥有自己的个性，不能被人工智能所异化、工具化，为此应树立正确的价值导向。正确的价值导向是以人的价值理性为核心，关注人的情感、道德、生命、灵魂，引导人们在享受人工智能所带来的社会发展价值的同时，更多地去探寻自己本身的价值，更多地照顾自己的思想、精神和信仰，以实现人生的意义和价值。人们如今对人工智能的崇拜和追求远远胜过对人自身价值的关注，并且对人工智能所带来的消极方面的认识相当欠缺。人们应该知道要为更有质量、更有价值、更有意义的生活而活着，不能仅仅满足于对现实世界、对人工智能的追求，而是应该不停地寻求着对于已有本我的无限超越，追求自身发展进步的不断突破，从而对人工智能所造成的“异化”进行消解和排斥，一旦人们领悟体验到了生命的价值，在现实生活中他们就会有一种充实感和满足感，在面对人工智能所带来的异化和控制的时候，就能自觉地去克服。

明确人工智能发展标准。在人工智能与人的关系中，人是主体，人工智能是客体。对人工智能的过依赖性使用，带来了一系列的人类生存和社会发展问题。值得我们深思的问题是，人工智能真正发展的标准应该如何衡量，是以社会经济增长为标准还是以国家是否能在世界中处于主导地位为标准。人工智能发展的标准应该是“以人为本”，以人的自由全面发展为标准，人的全面自由发展才是人类社会发展的最高宗旨和最终目的。我们这里所说的“以人为本”，是指对于人来说，人是人自己的最高目的，人去活动去实践，都是为了人自己，而不是为了人之外的东西。人工智能的发展，必须关心人的本身，人工智能只能是人类认识世界改造世界的工具，人的发展才是衡量一切的标准。

综上所述，人工智能作为一种为人类服务的技术，在其发展和运用中出现了异化。但我们必须在肯定人工智能积极作用的同时，树立正确的价值导向，始终坚持以人为本的原则，明确衡量人工智能的发展标准，人工智能是为了人能得到更好更全面的发展而产生的，由此把人工智能应用的负面效应限制在最小的范围之内，最终实现人和社会的可持续发展。

第五节　人工智能艺术

2017 年 5 月，人机大战中 AlphaGo 以 3 ∶ 0 完胜当今围棋第一人柯洁；10 月 25 日，沙特阿拉伯宣布授予人工智能“索菲亚”公民身份。这两起相继发生的事件引起了极大的社会反响，仅一年时间人工智能便取得了如此惊人的进展。人工智能正式迎来第三次热潮。

“人工智能”概念第一次被正式提出是在 1956 年的达特茅斯会议上，距今已有 66 年的历史。66 年来人工智能几经沉浮，总体而言仍保持着技术不断向前发展的态势。一方面科学界以积极主动的态度展开对人工智能的研究，在相关领域取得了不俗的成就，如人脸识别系统、无人驾驶汽车等；另一方面社会各领域引入人工智能，将人工智能用于实践，机器人导览、咨询、陪护等逐步商业化，如日本长崎的“奇怪酒店”以大量机器人取代人类员工，是机器人用于商业服务的典型代表。

随着人工智能技术的发展，人们对人工智能的关注度大幅提升，热议不断。其中，两种观点最具代表性：第一种观点认为人工智能技术的发展或将对人类的生存造成极大的威胁，该观点的支持者有马文 · 明斯基与霍金等。马文 · 明斯基，人工智能的先驱之一，他深信计算机会很快超越人类，他曾说“如果够幸运的话，机器或许会把我们当宠物养着”。霍金也曾公开表示人类应该警惕人工智能，他对人工智能的系列演讲表达了他对人工智能可能会对人类造成极大威胁的担忧；第二种观点则认为人工智能威胁论言过其实，并且认为人工智能无法产生情感、没有灵魂，是一种依靠计算机程序编码而存在的智能技术。山东师范大学博士生导师杨守森认为人工智能从本质上而言是“属于机器的电脑”“就其发展前景而言，也还看不到电脑能够完全代替人脑的任何可能性”。人脑结构及运作复杂，当前人脑方面的研究尚未取得更多的进展，仅从这一点来看人工智能威胁论难以成立。未来人工智能究竟是超越还是继续屈从于人类智能？未敢断言，然人工智能未来的发展必将大规模、大范围地改变人类现有的社会生活环境。

这些年来，“人工智能与艺术创作”也为热议话题之一。人工智能应用于艺术领域，逐渐衍生出其他的一系列问题。诸如“人工智能创作的作品能不能称为艺术品？”“人工智能能否取代艺术家？”等问题。正因为有诸多问题的存在，笔者认为有必要对“人工智能艺术”做主题性的深入研究。

一、人工智能艺术

什么是人工智能艺术？笔者将不试图给“人工智能艺术”下某个准确的定义，因为要想某一事物下定义，需要仔细地权衡多方之后，方可得出一个较为可信的“释义”。此处仅对人工智能艺术做一简要概述。人工智能艺术在人工智能的技术基础上发展而来，它具体表现为人工智能参与艺术创作，是人工智能技术与艺术领域的跨界融合。对于人工智能艺术的解读可分为两种：一是人工智能作为艺术家的辅助工具，在艺术家的操控下完成艺术创作，直接作用于艺术创作、生产、消费等领域；二是人工智能作为所谓的创作主体，发挥其“主观能动性”，创作出一系列的作品。本节将着重对后者展开论述。

目前，以人工智能为创作主体的人工智能艺术主要是：绘画领域以“Aaron”和“Painting Fool”为代表创作的绘画作品，诗歌领域中“Auto – beatnik”创作的诗歌，小说领域中“布鲁特斯”创作的小说等作品。事实上，人工智能在影视领域也有着突出的表现，如从事剧本创作、电影艺术表演（美国哥伦比亚影业公司2001年推出的被称为世界上首部“全数字”电影的《最终幻想》，其绝大部分画面是由电脑生成的，且女主角艾琪完全是由电脑设计出的“虚拟演员”）；除此之外，还有的人工智能尝试进行音乐创作等。上述人工智能在创作过程中展示出来的“自我意识”与创作能力，令人惊叹不已，就如同亲眼看见当初作为工具放置于办公桌上的计算机突然有一天开口与人类交谈一般不可思议。

由于人工智能技术与艺术创作之间的频繁互动，“人工智能艺术”悄然兴起。如今“人工智能艺术”这一名词虽然被人们接纳，但对它的质疑声仍在暗地里发酵。人工智能创作的作品凭什么称得上艺术作品？是因为它在细节、颜色、结构处理上堪称完美的表现，还是因为人工智能创作作品的能力由人类赋予，显示了人类拥有与“上帝”相媲美的能力受到重视，从而将其拔高到“艺术”的地位？当前人工智能创作出来的作品，是否能够引起人类情感上的共鸣或真正具备艺术价值呢？针对这些问题，笔者认为应首先明确“人工智能艺术被冠以艺术之名”备受争议之处。

二、“人工智能艺术”受到的质疑

“人工智能艺术”备受争议之处大体可从当前的艺术本体论中找到源头。根据艺术本体论，笔者将从以下两点展开论述：

（一）人工智能艺术的创作主体归属

以往的学者在讨论艺术的基本问题时，“艺术创作主体——艺术家”是彼此之间心照不宣的共识，众多的艺术理论体系也基本上是以“艺术家”为艺术创作核心而建立起来的。“艺术家是专门从事艺术生产这一特殊精神生产的人。”弗洛伊德的精神分析学派就是通过对人精神的分析来阐述艺术的。在人工智能参与艺术创作之前，“艺术家”一词不曾指除人以外的其他可能的主体。人工智能出现以后，尤其是当其成为“人工智能艺术”的创作主体时，“艺术创作主体为人类”的稳固地位开始动摇了。

不过当人们仔细探究人工智能创作原理后发现，这种动摇是十分表面化的。有人曾明确指出：“人工智能艺术创作是基于大数据和深度学习技术发展的结果，大数据为人工智能提供可用于学习的庞大数据库，而深度学习的诸多算法则让人工智能对这些数据进行自主处理；它们应用于人类艺术的不同门类之中就形成了不同的作品，比如，应用于视觉领域就成为人工智能绘画作品，应用于听觉领域就成为人工智能音乐作品，等等。所以可以这样讲，人工智能艺术创作的核心是‘数据’和‘算法’。”如此一来，人工智能创作作品的创作主体究竟是那些赋予人工智能创作能力的设计者还是人工智能本身呢？如果说人工智能创作作品的能力是由设计者赋予的，其创作作品表现了设计者的思维模式，那么使用“人工智能艺术”的概念是完全行得通的，因为此时人工智能仅是作为人类创作过程中的一种辅助工具，“人”依然是艺术创作主体，这与现行的艺术理论基本上没有太大的冲突。可是这样的做法无疑是将问题简单化，根本没有顾虑到当前人工智能创作的复杂性。由于“深度学习”，人工智能在创作过程中开始表现出一定的能动性，其在设计者无法预料的情况下独立进行创作，此种不可控性使得人工智能的创作过程复杂化。在这一创作过程中，设计者的参与度基本为零，此时人工智能创作作品的创作主体将是人工智能本身。人工智能创作作品的创作主体难以界定，贸然地对人工智能创作冠以“艺术”之名显然称不上合理。

（二）人工智能艺术中作品是否具有生命力

人工智能艺术当前受到的最大质疑无疑是“人工智能艺术中作品是否具有生命力”的问题，即是说人工智能在创作作品的过程中是否具有独立的思维模式，其作品能否引起人类情感上的共鸣等问题。

当前的艺术创作理论表明艺术作品是具有生命力的。美国艺术理论家 M.H. 艾布拉姆斯的“艺术四要素图式”大体勾勒出艺术创作的整体流程，“是艺术家将其所体验的世界通过各艺术种类的独特艺术语言和表现手段转化为艺术作品；艺术作品承载了艺术家对世界的感悟并将其呈现给读者……”。据此可知，艺术作品凝结了艺术家独特的世界观、人生观、价值观，是艺术家将抽象思维活动转化而成的实际形式。这一含义反映了艺术作品是艺术家与社会互动的产物。

质疑人工智能艺术的人通常认为，当前人工智能的创作建立在其庞大的数据库及强大的计算方法之上，其创作能力是通过高强度培训之后所获得的模仿能力。在这部分人看来，缺乏社会实践与情感交流，建立于冰冷数据之上的作品，即使它再精细、再完美，也不过是华而不实、虚有其表的花瓶。除此之外，孙振杰在人工智能的意识问题上指出“即便目前的研究显示出机器意识系统具有某些功能意识，甚至是会有一定程度的自我意识和统一性意识的研究进展，但这并不意味着机器意识就像人类意识那样具有多向度、多维度并且与周遭环境密切关联的复杂程度……”，而就人工智能的情感问题来说，他认为目前人工智能的情感研究还受制于人类自身情感研究的局限。基于这一立场，人工智能创作作品确实难以谈得上具有生命力。

三、基于人工智能的艺术前景广阔

综上可知，当前人工智能艺术受到质疑可归结为两点，一是创作主体难以界定，二是创作作品缺乏传统意义上的生命力。纵使如此，笔者以为人工智能创作的作品虽不完全具备现代艺术观念上对于艺术品的特定要求，但也不能因此将其排除于艺术之外。相反地，我们应以宽广的胸襟接纳其为一种全新的艺术门类，它是科学技术发展的必然产物，时代交替的使然。当年第一次工业革命，机械批量生产的作品被人们看成是廉价的仿制品，认为这些作品全无艺术价值可言。“约翰·拉斯金和威廉·莫里斯等人都梦想着彻底改革工艺美术，用认真的富有意义的手工艺去代替廉价的大批生产。”可最终，当人们发现再也不能回归以前的手工艺社会时，于是“他们渴望以一种新感受对待艺术和材料自身所具有的潜力，去创造一种‘新艺术’”。现在亦是如此，人工智能艺术恰好处于人工智能技术快速发展的时期，这就是说，正是人工智能技术在艺术领域的实践使得人工智能艺术得以出现和发展。当前人工智能的处境与19世纪摄影术的处境有一定的相似之处，它们同为科学技术发展而来的产物，同样不可避免地参与了部分艺术创作，也同样经受着质疑，不同的是摄影术经历了那段煎熬的岁月，现今已得到大众的普遍认可，有关摄影艺术的书籍随处可见，而人工智能才刚刚开始艺术的漫漫征途。

最后，我们决不能忽略现阶段人工智能在创作过程中表现出来的拙劣的、模仿人类的思维方式。未来的人工智能会不会发展出自己的意识？会不会拥有自己的感情？目前看来，人工智能很难达到这样的高度。然而千万不要忘记，当初人类是在自然环境中一步一步发展而来的，而人工智能却是直接借助人类智能发展而来的，它的起点远比原始人类的起点要高。随着人工智能技术的不断推进，人工智能艺术或许有望发展出“艺术”之实，即当人工智能发展至类人人工智能、超级人工智能甚至是超级智能体时，一种全新的艺术模式将会产生，曾经适用于人类范畴的诸多定义也将重新改写，并最终形成有别于人类艺术的另一特殊艺术领域。

第二章　青少年教育的理论研究

第一节　网络语言对青少年教育的影响

根据中国互联网络信息中心（CNNIC)2019年发布的《第43次中国互联网络发展状况统计报告》，截至2018年年底，中国网民数量继续平稳增长，已达8.29亿。与此同时，与网络伴生的网络语言凭借其简捷、另类、趣味性等鲜明特点逐渐为网民所接受和推崇，发展迅猛且神速。随着青少年普遍触网并日益成为网络使用的主力，他们对网络语言的传播使用愈益频繁。如何应对网络语言对青少年的负面影响和冲击，已成为青少年教育亟须解决的课题。

一、网络语言的界定

网络语言特指网络传播或电子计算机联网中所应用或触及的所有相关术语，是伴随着移动互联网的普及与发展而孕育出的一种新兴的变异化的社会方言。于根元参与编著的《中国网络语言词典》将网络语言词汇划分为三类：一是与网络有关的专业术语，如软件、局域网、宽带、登录、病毒、调制解调器、浏览器、防火墙等；二是与网络有关的特别用语，如黑客、第四媒体、电子商务、虚拟空间等；三是网民在论坛、QQ和聊天室等网络交流中所使用的词汇和符号，如“给力、菜鸟、酱紫、膜拜、网虫、MM、点赞、灌水、囧、886、尴聊、520、1314、打call、Zzzz”等。本节的网络语言即特指第三类，即虚拟网络世界的特定语境下，网民在网络社交时所使用的具有独特风格的约定习语，通俗地说就是网民所说的网话。

网络语言具有简单便捷、诙谐幽默、灵活前卫生动等优点，一定程度上丰富并补充了现代汉语的词汇内容，满足了人们网络交际的表达需要，增加了汉语言的活力和表现力，但网络语言也是把双刃剑，存在着诸如偏离语言规范、生搬硬造乃至不文明等语言失范问题，如果任由网络语言不加规范地恣意野蛮生长，不仅冲击和污染汉语言的应用交流，导致汉语危机，而且会严重破坏社会精神文明建设，对青少年身心的健康发展造成极为负面的影响。

二、网络语言对青少年教育的消极影响分析

在无所不在的网络影响下，网络语言以前所未有的姿态渗透到青少年群体的日常学习和娱乐当中，已成为青少年的时代语言，在青少年中呈泛化使用倾向。失范的网络语言不仅对青少年规范语言文字的学习造成了冲击，而且对青少年思想道德和健康人格的塑造产生了恶劣影响，使其成为失范的网络语言最直接的受害者。

（一）影响青少年语言规范化学习

生动传神、简洁凝练、新颖有趣、别具风格、直观形象的网络语言契合了青少年时尚前卫、张扬个性，爱求新求奇、反传统叛逆等心理成长特点，颇受青少年群体的偏爱与青睐，他们不仅在网上聊天中大量使用网络语言，而且将其广泛运用延伸于现实生活中来彰显个性，张口闭口“Q我、么么哒、雷人、OUT、PK、小Case、I服了U”，甚至“累觉不爱、大神、悲催、Duang、羡慕忌妒恨”等网络词汇出现在青少年相对正式的作文等日常生活当中，形成了一股强大的青少年网络语言潮流。

网络语言生成自由随意，缩略谐音、英汉杂糅、语法错乱、胡乱套用等不规则和失范问题层出不穷：譬如，奋发图强变成粉发涂强等，错字别词连篇；再比如童鞋（同学）、神马（什么）、杯具（悲剧）等网络词汇，本身就是键盘书写错误所致的对拼音的误读，根本不适合用作语言学习的材料；而像“人艰不拆、细思恐极、不明觉厉、喜大普奔、十动然拒”等新造网络热词根本不是按正常的构词规律创造出来的，如果不结合原句的解释基本上不知所云；而如“PP”之类的缩略词，有“漂漂、怕怕、屁屁”等多种意思，词义暧昧模糊，交际使用时难免让人揣摩不透，无所适从。另外，网络语言语句以短句为主，较为口语化、逻辑性差、结构松散，诸如“吃饭ing、网络大V、out了、hold住”等短语，将英文缩略语直接嵌入汉语表达系统之中遣词造句，违反语法和结构规则，更是显得不伦不类……总之，网络语言背离传统语言规范，呈现出的是一种无序和拼凑的混乱状态，这种失范的网络语言在青少年中的泛化是极其不利于学生正规语言的学习，对于年青一代规范语言教育及语言素养发展产生不良影响，对于中华民族优秀传统文化传承也是百害无一利。

语言的学习是一个使用、积累的过程。通过对规范语言文字的学习，学生积累汉语言文字知识，打下扎实的汉语知识基础，形成健康规范的语言应用习惯。青少年时期是语言学习和培养的最佳阶段，如果在这一关键时期，一味地沉迷于模仿翻造这种偏离标准汉语构词规律的网络语言，将会与所学的语言规范混淆冲突，干扰和误导汉语标准语

法规则的掌握，不利于青少年汉语言知识和语言审美品位的学习与提高，对他们正常的文字表达的学习和运用产生不良影响。量变引起质变，乱用错写惯了，久而久之便会习以为常，青少年还未稳固的语言运用能力就会受到冲击而逐渐弱化，很容易养成不使用规范字和规范表达的用语习惯，而这种坏习惯一旦形成是难以改正的。而那些热衷或痴迷泡网的青少年多数是不爱学习、语文基础薄弱的学生，倘若他们过早过多地接触不规范的网络语言，恶性循环，对他们今后的学习与成长势必贻害无穷。

（二）低格调的网络语言对青少年道德价值的冲击

语言往往体现一个民族的文明程度。中华民族是礼仪之邦，在网络语言交际中，人们同样应该遵守社会公共道德和社会礼貌规范准则，传播健康向上的信息能量。但由于网络的虚拟性、网民素质参差不齐及缺乏监管等原因，网络语言存在趋粗鄙化、庸俗化的反文化倾向，涌现出一大堆品位格调低下、浅薄鄙陋的低俗网语。有辱斯文的词在网上和现实生活中大行其道，充满了低级趣味，令人生厌。内涵恶俗猥琐的脏话粗话有恃无恐地横行于网络，在现实社会中难以启齿的粗劣污浊之语被堂而皇之地贴到了网上。有人故意起轻佻下流的网名，网络留言板出口成“脏”成家常便饭，各类下流脏话随处可见。更有甚者，故意曲解词汇原意，将一些约定俗成的词语语义无情丑化。总之，在网络语言的世界中，粗鄙的低俗语竟呈肆意泛滥传播之势，中华民族几千年来形成的伦理道德价值体系受到了威胁和挑战。网络语言中这些粗言俗语，是语言中的糟粕和垃圾，在幽默搞笑包装背后实质是对价值观的侵蚀，不仅污染了语言环境，而且拉低了我们的文化品位，败坏了社会道德，危害了社会文化生态环境。

青少年的可塑性较强，这些低格调网络语言的任意泛滥对好奇模仿心强、人生观和价值观尚未成熟、正处于心理叛逆期的青少年学生言语文明和道德修养会产生潜移默化的恶劣影响，会把孩子引入思维误区，不仅导致青少年语言素养下降，而且造成青少年道德意识模糊，不利于其良好社会道德观的养成。长期浸润于低格调网络语言之下，年轻人的认知模式和价值观不可避免地陷入庸俗自娱的泥潭中难以自拔，其语言行为也势必会逐渐走向庸俗化、粗俗化、低级化，这对于青少年的文化素养与健康人格发展是极为不利的。

（三）网络语言暴力对青少年身心的负面影响

“在网上，没人知道你是一条狗”，网络的虚拟匿名的语用语境及缺少法律监管，导致网络语言暴力在网络空间中肆虐蔓延。无论是打开贴吧、论坛或网上讨论区等公共言论区域，还是浏览时事热点的网友留言或评论，随处可见恶意留言或过激性恶搞言论，网络语言暴力反映了网民的盲从和随大流心理，对事物的评价极端而偏激，处于一种非理性状态。在所谓社会正义感的驱使下，网民在群体情绪的影响下缺乏理性思考，往往凭借自身的主观臆断，不论是非真伪，想当然地对事情下对错的判断，不加辨别地对自己不认同的人或事使用粗俗、诅咒或侮辱歧视性的暴力语言文字进行恶意攻击和诋毁。他们中的很多人可能根本就没有核实新闻的真实性，也可能根本不知道整个事件的来龙去脉、前因后果，只是道听途说而后人云亦云地跟风谩骂和发表攻击性、侮辱性的过激言论。这些恶语相向的语言文字超越了对事件正常的理性评论范围，侵害了被攻击对象的名誉、隐私等合法权利，致使当事人的人格尊严、心理情感遭到侵犯和损害，破坏了当事人及其亲朋正常的工作和生活秩序，更严重污染了整个网络舆论环境，制约了整个网络文化的健康良性发展。

青少年涉世未深，正处于寻求群体归属的心理需求阶段，有着融入同辈群体不落伍不被边缘化的强烈从众心态。他们缺乏充足的人生历练和社会经验，心理及价值观也不够成熟，对互联网上真伪难辨、鱼龙混杂的繁杂信息的辨别和评判能力差，尤其是在受到一些煽动信息刺激和诱惑的时候，很容易受群体情绪的影响而盲目跟风和附和。除此之外，网络开放、隐匿、不确定的陌生化语言环境，又使他们产生不必为言行负责的错觉，在伸张正义的名义下，他们更加肆无忌惮的恶意攻击谩骂声讨和发泄情绪，不自觉地陷入网络语言暴力的泥沼之中而不自知。在以暴制暴的网络语言暴力潜移默化的影响下，青少年对自身心理活动的觉知与调节能力不断降低，在自我接纳、人际关系、价值选择判断及情绪控制等很多问题上产生了消极认知，这些都不利于他们良好道德品质和价值观的形成，不利于他们健康心理、成熟性格的养成。

（四）过度沉迷于网络语言，不利于青少年的交际与社会化

网络语言是以网络为存在前提的非正式语言，是网民群体在网络这一特殊的交际语境下，沟通交流时所创造使用的语言媒介形式，应用具有局限性，未被社会普遍认可和广为接受，其使用权限范围本不应超越网络这一虚拟的言语圈子。青少年过度使用网络语言并将其滥用于日常生活的语言领域，不仅严重影响青少年群体的语言及书写能力，而且造成语言的晦涩难懂，阻碍语义的准确传达，产生信息传导偏差，增加了人们的理解难度，导致沟通障碍和交际不当问题的出现。“酱紫、粉圈、灌水、9494”等好似密码或黑话的术语行话，对不常泡网的外行人来说，若无密码本解密，可能完全不知其话语意思。“PLMM，你造吗？”能看懂这话是什么意思吗？话都看不懂，如何更进一步顺畅交流？另外，网络语言缺乏稳定性和长久的生命力，生成、普及、淘汰和演变极为迅速，曾爆红一时的火星文以及像“蓝瘦香菇、安利”那样昙花一现而后销声匿迹的过时的网络词汇不胜枚举。以这些更迭频繁、隐秘晦涩（一旦离开网络语境难以理解）的

网络用语作为学习素材，用在日常交际之中，满篇、满嘴尽是普通人看不懂听不懂的网语，怎能顺畅交际、流畅沟通？如果老师看不懂学生的作文，家长听不懂孩子说的话，日常生活都没办法正常有效沟通，推而广之他们如何与社会交流，如何融入社会，青少年的社会化更从何说起？另外，由于对网络语言掌握及认知不同，不仅导致与父辈的代际沟通冲突，而且在青少年群体内部同辈中间的代内互动中也会出现交流隔阂和差异问题，同样不利于青少年的社会化。

网络与现实对于语言使用的要求是不同的。不同于现实世界的交际环境，网络虚拟世界的交流通常是以架空年龄、职业身份等方面的差异为假定的交际前提的，没有绝对的权威，交际双方不受时空条件、身份角色的限制畅所欲言，网民彼此之间关系平等。如果不考虑网络交际与现实交际的这种差异性，不分场合不看对象地随便滥用网络语言，不仅会影响社会交际，更会影响青少年健康人格的形成。因为习惯了在虚拟的网络中通过网络语言无所顾忌地宣泄情绪和情感，在面临现实的社会交流时，他们必然很难适应现实世界交际的诸多限制和要求，陷入表达不当甚至钝化到失语的迷茫之中，无法与人正常交流，与社会脱节，造成网民网络虚拟角色与现实角色的分裂与矛盾，进而产生心理挫败或社会调适障碍，影响现实的人际拓展与交往。甚至有人因此走向逃避现实社会的极端，沉溺于网络的虚拟世界，产生成瘾、孤独等异化行为，更有甚者患上网络成瘾症、网络孤独症等，不利于青少年的人格养成和社会化，出现生存异化。

三、网络语言环境下的青少年教育策略

针对网络语言对青少年教育的冲击和负面影响这一事实，我们应积极面对，多管齐下，采取适当的规范治理措施，引导网络语言健康稳步发展。

（一）加强学校基础语文教学，增强青少年的语言规范意识

加强学校教育，对青少年学生进行网络语言规范化教育和引导，使学校成为规范语言的首要阵地。一线的语文教师应立足于规范语言的教学，通过用优美规范的语言材料对学生进行口头与书面表达的正面引导与训练的教学，提高学生感悟规范语言文字魅力的能力，培养学生优雅的语言审美品位和语言素养，提升学生运用规范的文字、语法的语言表达能力，帮助学生形成良好的语言文字表达习惯。另外，在具体的语文教学中，教师要在发掘网络语言教育价值基础上适当渗透一些规范语言价值的教育，帮助学生正确鉴别、评价和甄别网络语言，明确网络语言的使用语境，趋利避害、恰当慎重地选择使用网络语言，尽量避免网络语言书面化，培养青少年健康规范的网络用语习惯。

学校应开展广泛的校园宣传，通过主题班会、团队辅导、社会调查、演讲演示、专

题报告、广播电视和专题讲座等方式，向学生灌输正确的语言观，教育学生学会正确认知并防控网络语言暴力行为。另外，做好学生理性上网、文明上网教育，增强学生的网络素养和网络道德意识，也是学校宣传教育的应有之义。当然更重要的是，学校应努力组织丰富多彩的文体活动，如阅读经典著作的第二课堂，等等，充实学生的课外生活，减少学生的上网时间，提高青少年的文化素养。

（二）制定相应的规章制度，推动网络语言规范的标准化

首先，把网络语言的规范化工作纳入法制轨道，依法治网。国家相关部门应在《中华人民共和国国家通用语言文字法》的基础上，强化立法，制定对网络用语加以健康有益引导的法律法规，确定网络语言的语用环境，尽量将其限制在网络的使用范围之内。2012 年教育部就出台规定，高考一律用现行规范汉语言文字答卷，这些举措对于对推进网络语言的规范工作起到了一定的示范作用，对于建构一个可持续发展的和谐有序的语言生态环境具有积极作用。

其次，健全互联网管理法律法规建设。在贯彻《中华人民共和国网络安全法》的基础上，根据当前网络发展的特点出台切合实际高效全面的具体管理规范，将网络行为纳入法律规制范畴，依法加大对网络活动的监管力度。具体而言，就是要严格规范和治理不良网络言行，加大对网络语言暴力行为的惩处和防治力度，对于在网上散布流言蜚语、恶意中伤诽谤他人、侵犯他人隐私等网络语言的暴力行为，依法追究其法律责任，形成文明、清新的健康网络使用语境。

（三）提高媒体的职业道德素养，引导舆论导向

媒体拥有广泛的受众群体，肩负着语言规范化和传播正能量的社会责任，媒体从业人员要以身作则，提高自己的职业文化素养，正向引导网络舆情，对全社会的语言规范起到示范和表率作用。使用国家标准的语言文字，带头慎用网络语言，倡导行业自律。坚决杜绝通过庸俗网络新词或标题来寻求关注度的行为。信息发布尽量做到用语严谨规范，合理使用和发布推出文明、正能量、格调高雅的网络用语，同时加大正确语言观及规范观的宣传和教育，提醒网民在网络公共空间使用文明、规范的语言文字交流，培养民众的语言自律意识和网络道德观念，营造健康向善的网络舆论环境。

紧扣青少年群体实际，在科学语言规范观培育的基础上，发挥媒体对青少年健康的社会道德思想观念的培养和引领作用，将中华民族的优秀传统文化和主流价值观与网络话语有机结合，创建健康正能量的社会道德文化氛围，促进社会主义核心价值观在广大青少年思维中的养成、内化和生根发芽。同时强化网络安全和自我保护教育，提升青少年对网络风险的警惕和防范意识。

（四）提高网民的道德素养，创建文明网络环境

根据《文明上网自律公约》精神开展广泛的网络文明道德教育，培养网民正确合理利用网络的上网意识，引导网民逐步养成安全上网、绿色上网的好习惯，做理性文明的网民。帮助网民认识、掌握网络的传播规律，提高网民群体媒介素养和水准。针对网络语言的不文明、不道德及低俗化倾向，积极道德引导，鼓励网民尽量说文明话，摒弃粗鄙肮脏、过黄过俗的字眼及词汇，净化网络空间。

针对青少年，通过开设相关课程、开办专题讲座、开展网络话题的讨论等形式进行网络知识和媒介素养教育，培育和构建青少年的媒介素养能力，使他们能够辩证解读和合理地利用各种媒体信息。同时，加强网络道德规范教育，增强青少年的网络自律意识和道德人格。

（五）强化政府监管，加大网络监控

网络交际大多是匿名的，监管缺乏是造成网络言论失范的重要诱因。政府部门应牢控网权，制定一系列对网络言论把关监控的措施，依法管网，规避和减少不文明、负面消极或不规范网络用语的负面影响。支持建立强势网站，为其他网站和网民做出表率。开发与运用网络用语监控设备，对网上论坛、聊天室的网络语言进行实时监督，对不合规范的网络用语及时干预或纠正，尽可能从源头上过滤、疏导、净化青少年所能接触的网络信息。规范网站秩序，网站自觉屏蔽删除网络语言中那些不文明的低格调的污言秽语，坚决抵制或取缔非理性的、含有人身攻击带有暴力色彩的语言文字。最后，在重要网站、论坛、贴吧、BBS 等对网络实名制进行积极有益的探索，通过上网权限管理、地址管理用户等功能来强化网络监管维护网络秩序。

网络语言的盛行与井喷发展，是社会发展中的必然现象。打着捍卫汉语纯洁性的旗帜，而将网络语言视为洪水猛兽而封杀和禁止显然是不合时宜的。我们要理智地辩证地全面地看待网言网语对社会生活的冲击和挑战，疏导结合，取其精华、去其糟粕，在科学的语言规范观的指导下，加强网络话语的研究自觉，因势利导地规范调适和优化网络语言，有序引导网络语言规范化工作沿着健康有序合理的方向发展，努力为青少年的成长成才创建一个健康和谐的网络语言环境。

第二节　网络媒体与青少年教育

大众传播学者麦克卢汉曾指出，“媒介即讯息”。随着信息生产、信息处理等技术手段的革新，人类获取信息的媒介手段愈加丰富。尤其是20世纪90年代中后期，随着互联网通信技术的快速发展，我国进入了信息传播的“高速公路”。网络媒体依托互联网技术应运而生，被称为与报纸、广播、电视等并列的“第四媒体”。中国互联网络信息中心（China Internet Network Information Center，简称CNNIC）2015年7月发布的第36次《中国互联网络发展状况统计报告》显示，截至2015年6月，我国网民规模达6.68亿，其中，19岁以下的青少年网民约占全体网民数量的1/4，达到25.6%。近年来，规模庞大的青少年网民身上越来越显示出网络信息传播所带来的深刻影响。网络社会建构的多元价值体系对青少年人生观、世界观的形成与确立产生了很大的冲击，剖析并解读青少年网民与网络媒体的相互关系，成为透视青少年网络意识形态的一个重要窗口。

一、网络媒体与青少年使用情况分析

计算机网络技术的发明和应用的普及，使人类社会发生了巨大变革，工业社会正向信息社会转变。互联网对现实社会的模拟与“克隆”，形成了人类生活的“第二空间”——网络社会，从而影响并改变了人们的生存环境、生产方式和生活方式等各个方面。网络媒体在这一网络社会的建构中，发挥着举足轻重的作用。按照尼葛洛庞帝《数字化生存》中的观点，“人类的每一代都会比上一代更加数字化”，所以，年轻者在数字技术的掌握和使用上通常更领先于年长者。在信息社会，青少年网民是网络技术接触和运用的主力军。同时，青少年自身的特点也会在网络社会被放大，并受到“网络媒体的价值辐射”。因此，探究网络媒体的特质与青少年网民的特征，是理解媒介与社会关系的一个重要维度。

（一）网络媒体的定义及特征

网络媒体作为一种信息传递方式，通常被称为“第四媒体”。与报纸、广播、电视类似，从技术角度可将其定义为通过计算机网络传播信息（包括新闻、知识等）的载体。

不同于三大传统媒体，网络媒体具备它们三者的各自优势。在网络媒体出现之前，人们通过报纸阅读文字和图片，通过广播聆听声音，而电视则为受众带来了视听感受。然而，在网络媒体上，文字、图片、视频在同一页面可同时呈现。

网络媒体由于所依托技术的进步，逐渐呈现出其他大众传媒所不具备的特点，如跨时空性、可检索性、超文本性和交互性等。其中，网络媒体的交互性特点相较于传统媒体尤为显著。网民可以通过对已发布的信息进行评论，以实现表达自己观点的愿望。而网民对相关事件的评价，则会得到信息发布者的回馈和其他网民的跟帖评论。

相对于传统媒体所传递和储存的信息量，网络媒体将人类带入了空前的信息海洋，人们获取信息的方式更为简单和便捷。由于网络即时性的特点，网络信息的更新速率远远超过传统媒体，因此，网络媒体在一定程度上逐渐成为人们获取信息的主要途径。

（二）青少年网络的使用情况

根据中国互联网络信息中心（CNNIC）2016 年 8 月发布的《2015 年中国青少年上网行为研究报告》，截至 2015 年 12 月，中国青少年网民规模达到 2.87 亿，青少年互联网普及率为 85.3%，相比同期全国整体互联网普及率的 50.3% 高出 35 个百分点。这在很大程度上受益于以智能手机为代表的移动上网设备的迅速普及，从读图时代到读屏时代，青少年的触网比例逐年上升。

在青少年网民中，19 ~ 24 岁占比为 48.1%，未成年网民数量超过半数，而且 6 ~ 11 岁青少年占比从 2014 年的 7.5% 上升至 11.5%。

根据报告对青少年网络应用行为的调查，发现青少年的上网动机主要分为以下四类：即信息获取、交流沟通、网络娱乐以及商务交易。并且在信息获取层面，作为服务类的搜索引擎和内容类的网络新闻虽同属信息获取应用，但青少年网民在两者的使用情况上存在明显差异。在信息搜索类引擎的使用上，青少年网民高于网民总体水平 4.3 个百分点，而在网络新闻上，使用率仅为 74.5%，低于网民总体水平 7.5 个百分点。

综合以上对青少年网民上网行为的分析可知，青少年网民的基本特征有以下几个方面：一是青少年网民中未成年人占比较多；二是青少年网民的网络媒体接触行为有一定的主动性，并非完全被动地接收网络媒体传递的信息，而是会主动地对信息进行检索；三是青少年网民的上网行为具有娱乐化倾向，对于网络娱乐类应用如网络游戏和网络音乐关注度较高；四是青少年网民的线上社交情况良好，微博、论坛等社交媒体的使用情况高于网民总体水平。

二、网络及网络意识形态

信息时代，随着网络技术的高速发展，互联网呈现出高度开放性、交互性、广泛性、便捷性和隐匿性的特点。网络为意识形态提供了新的平台和工具。作为工具属性的互联网并不具有价值倾向，但其承载的信息以及信息传播者则具有一定的价值倾向。“互联网已成为信息文化的集散地和社会舆论的放大器”，因而充分认识新兴媒体的社会影响力十分必要。

（一）网络意识形态的含义及基本特征

“意识形态”概念的提出，可追溯至18世纪法国哲学家特拉西。马克思主义对“意识形态”概念的定义是：意识形态是由一定的社会政治关系和经济关系决定并反映社会政治关系和经济关系的思想体系，它表现为指导思想、理论基础、价值观念、宗教信仰、道德伦理等意识形态，其核心内容是价值观。网络意识形态则是基于网络架构的虚拟社会，它主要映射的是网络社会中网民的价值倾向和价值选择。

网络意识形态的传播技术路径可分为私下传播路径和公开传播路径。公开传播路径主要包括微博、博客、SNS社区以及BBS等网络媒体，而私下传播则主要是通过电子邮件、微信等即时通信工具实现的。这两种传播路径对于网络意识形态均会产生重要影响，但由于公开程度不同，其影响面也不尽相同。

从实践层面来看，网络意识形态具有以下特征：

第一，虚拟与现实的融合。网络意识形态作为一种新型的意识形态范式，“以其鲜明的虚拟性区别于现实社会的意识形态”。网络意识形态的虚拟性主要体现在网络主体身份的隐匿性上。互联网信息的获取门槛较低，且网民在评论或跟帖时可隐蔽自己的身份与角色，因此，网络意识形态实际上是对虚拟社会的反映。

第二，主流意识形态与多元意识形态并存。一般而言，网络意识形态也分为主流意识形态和非主流意识形态。主流意识形态“代表统治阶级及社会集团的利益”。但由于网络的开放性，来自不同社会角色的网民实际上代表了各种不同的群体。群体利益的多样化以及信息的快速传递，导致了在网络社会很难有长久的、稳定的价值体系，极易发生价值失范现象。不同的道德观念、价值判断和价值取向在网络社会发生了激烈的交锋和碰撞。

第三，在虚拟性和开放性基础上生成的网络意识形态，由于互联网准入门槛较低以及监管机制的不健全，难以对其进行统一或管控。在一定意义上，互联网真正实现了“观点的自由市场”这一对新闻的设定。

第四，网络意识形态的传播具有一定的不对称性。网络空间的信息流穿梭，人们获取信息的门槛降低，网民话语权增强，但这并不意味着所有的信息都可以被所有人获取，且存在某一群体所掌握某一领域的信息优于其他网民的情况。

此外，网络意识形态还具有政治资源化、对技术过于依赖等特性。

（二）网络意识形态与传统意识形态的互动与影响

网络意识形态虚拟与现实结合、主流意识形态与多元意识形态并存、难以管控的基本特征，决定了它与传统意识形态之间存在互动与冲突。

网络媒体将海量的信息传递给受众，在一定程度上实现了现实社会在虚拟网络空间的重构，因此，网络意识形态也可以被看作是传统意识形态的衍生。同时，在网络社会，在与网络新型意识形态的碰撞中，网民固有的意识形态也会发生变化。这其实是一个作用与反作用的过程。

由于网络的开放性特征，一些西方思潮通过互联网这一平台对我国网民进行意识形态输出和渗透，对我国的主流意识形态——马克思主义意识形态构成了挑战。一些消极价值观，如消费主义，扰乱了网络主流意识形态的建设。

从网络媒体与网络意识形态的关系来看，网络媒体提供的信息多元，传播更为广泛、更为个人化。而这种多元的信息传递缺乏“守门人”的把关，对于信息的真实性、全面性无法保证。例如，新闻行业每年都会评定的“十大假新闻”多数由网络媒体“炮制”。而传统媒体在维护主流意识形态方面的作用不可小觑。“真实是新闻的生命”这句话对于传统媒体尤为适用。由于自身的公信力，在热点事件的讨论中，传统媒体的舆论引导作用十分突出。

由于网络社会多元价值观的并存与碰撞，加强主流意识形态在网络社会的地位具有现实意义。当前，传统媒体正在探索与新媒体融合，如党报、党媒开设官方微信公众号、微博、新闻网站等。这种由传统媒体自身进行的转型，是建设与规范网络意识形态的一条重要路径。

三、网络媒体对青少年意识形态的影响

网络媒体在网络社会的建构中扮演着重要的角色，它对网民道德观念、价值判断和选择有着显著的影响。青少年是使用网络的主力军，是网络内容的主要受众。这在一定程度上也意味着，网络建构的虚拟社会已是青少年活动的重要场域。正如《青年的网络行为特征及其伦理导引》一文所说，“网络对于青年……而是一种‘天然’存在物，如呼吸和空气一样平常”。

网络技术的高速发展，并不意味着有价值的信息和优质、安全的信息服务会随之而来。由于青少年网民的人生观、价值观尚未定型，在成长过程中容易受到环境和所接触内容的影响。同时，根据中国互联网络信息中心（CNNIC）的数据可以发现，我国未成年网民的数量在不断增加，作为网络“原住民”的他们完全暴露于多元、自由、缺乏“度

量衡”的网络意识形态之下，很容易出现价值偏差等问题。

（一）网络媒体对青少年意识形态的积极影响

网络媒体为青少年提供了获取知识和接受教育的新渠道。网络具有开放性和共享性特征，它所承载的大量信息，通过一定的整合，便可以成为一个不断扩张的“图书馆”。例如，网易通过整合名校优质公开课视频，供用户免费浏览和下载。青少年通过电脑或便携式移动终端（手机、Pad 等）可以零距离接触国内名校等的教育资源。以“天涯”为代表的网络兴趣小组的存在，也为青少年深度了解某一领域专业知识提供了便利。此外，互联网也为远程教育搭建了平台。

网络媒体拓展了青少年的社交空间。网络媒体的即时性、交互性等特征，为青少年网民建构了一个虚拟的社交网络。不同于父母辈对现实空间交流的偏好，青少年往往会选择论坛（BBS）、社交网络服务（SNS）等线上交流平台结交朋友。

网络媒体为青少年主动性和创造性的发挥提供了一个广阔的舞台。给予信息共享原则建立起来的网络社会，每个人都是信息的接收者，同时也是信息的传播者和创造者。自由、多元的信息环境有利于青少年在信息流中找到自己需要的信息。互联网呈现的多样世界对青少年创新意识的培养起着推动作用。

此外，网络信息的开放性有助于拓宽青少年的价值认知空间。“网络媒体的传播方式消解人们对权力中心和集权控制管理模式的认可，强化人们关注个体、尊重平等的意识，促使‘个体话语’和‘小众话语’的活跃和分权。”因此，在一定意义上，网络媒体有助于推动民主化的进程，并且有利于青少年民主价值观的培养。

网络媒体对青少年意识形态的积极影响还表现在它开阔了青少年的价值视野。互联网建构的不仅仅是一个事实空间，还是一个多元的价值空间。隐匿在信息之后的价值空间，虽然缺乏一定的导向性，但让青少年学会了解多种价值观的存在，并通过自己的思考，建立自己的人生观、价值观。

此外，网络媒体对于青少年爱国意识的培养也具有重要作用。例如，“南海仲裁结果”发布后，一些青少年网民自发在微博上维护国家主权、发表爱国言论等，这表现出青少年网民虽未经历过战争，但爱国情怀与爱国意识并不淡薄。

（二）网络媒体对青少年意识形态的消极影响

当前，一些青少年由于对网络的过度依赖，呈现出网络沉溺、现实交往障碍和异化消费等行为特征。由于信息技术的飞速发展，现实社会逐渐变得数字化，而作为数字化手段的网络媒体，则越来越成为人们不可或缺的工具。青少年与网络媒体的亲和关系，是建立在青少年对网络媒体的合理使用之上的。一旦过度使用，就很容易沉溺于互联网建构的虚拟世界，难以自拔。

价值观是意识形态的核心所在。网络信息鱼龙混杂，虚假信息肆虐，对青少年的身心产生了极大的影响，甚至是伤害。“五花八门的网络意识形态内容，使青少年往往陷入疑惑、彷徨的泥潭。”一些青少年受到网络上西方消费主义意识形态的影响，在现实生活中变得拜金、崇洋媚外；政治意识模糊，对国家主流意识形态认同感弱等。

网络媒体对青少年思想道德观念产生了不良影响。由于网络交流的隐匿性，网络参与者的身份是隐蔽的，这也导致每一名网络参与者都处于巨大的幕布之后。青少年对未知的世界充满好奇，且自我监控能力较弱，所以，“网络媒体中的黄色、暴力、政治反动等灰色信息，成为青少年寻找刺激、涉猎的场所”。另外，互联网建构的虚拟社会与现实社会存在距离，青少年由于长时间沉溺网络，如过度沉迷网络游戏，对于虚拟游戏中的规则信以为真，很难接受现实社会中的道德规范和伦理价值，可能产生责任意识不强、道德意识薄弱的后果，有的甚至价值观扭曲。

四、减少网络媒体对青少年意识形态消极影响的策略

网络是一把双刃剑，但其本质仍是技术工具，价值属性由网络参与者赋予。青少年是信息工具使用的先行者，也是网络社会的重要主体。对于青少年来说，网络媒体是信息接收和传播的主要渠道和工具，是观点自由表达的平台。网络媒体的开放性、共享性和交互性等特点，拓宽了青少年的眼界，有利于青少年思想的独立和成熟。同时，网络媒体也对青少年价值观和道德观念产生了消极影响。如何减少这些消极影响，引导青少年在网络社会建立正确的人生观、价值观，对青少年的身心健康和未来发展具有现实意义和长远意义。

（一）消极影响产生的原因

从网络媒体传播信息的发生机制来看，网络媒体对青少年意识形态产生负面影响的原因有以下三个：

第一，青少年自身认知特点决定了他们在网络社会中对网络意识形态的态度。通过对青少年的特征进行归纳可以发现，青少年思维活跃，但不稳定，政治辨别能力弱，具有叛逆心理。

第二，网络信息管理滞后。由于网络媒体发展时间较短且发展迅速，我国还没有建立相对完善的网络信息审查和监管制度。对于一些带有西方意识形态的消极内容、网络虚假信息的筛选和甄别，往往是“事后诸葛亮”，并不能很好地从信息源的角度对网络信息进行过滤。

第三，现实社会与虚拟社会并非完全重合，青少年对这两者差异的认知如若失调，则有可能导致青少年价值观的扭曲。

（二）青少年意识形态建设的策略

青少年是民族的未来和希望，关心青少年网络意识形态的建设，为青少年营造良好的网络意识生态，是当下青少年教育工作的重中之重，也是我们应该承担的责任和使命。但由于网络媒体对青少年意识形态作用机制的复杂性，因此，减少网络媒体对青少年的消极作用，需要包括青少年在内的社会多方共同协作，方可达成目标。具体做法如下：

第一，青少年网民要提高自身媒介素养，要对网络媒体的特性有更为清晰的认知。青少年网民要增强自身对网络信息的评判、筛选、整合的能力，提高自身道德自觉与自律，从而使自身具备对网络不良信息的免疫力。

第二，从家庭角度出发，家长需要加强对青少年网民的思想引导，“提高自身的网络知识和技能”，在面对有沉溺网络倾向的子女时，以较高的网络素养引导并教育子女，为青少年提供安全上网指南。青少年网民家长在子女上网时，还需加强监督，避免孩子受到网络不良信息的影响。家长需要加强与子女的联系与沟通，帮助处于心理过渡期的青少年树立正确的价值观和道德观念。

第三，从教育宣传角度出发，我国需要加强对青少年网民的思想教育，以青少年易于接受的方式，加强青少年对我国主流意识形态——马克思主义意识形态的认同感。同时，学校等社会组织也要与时俱进，“树立现代德育观，从封闭式的德育观向开放式的现代德育观转变”。在互联网时代，通过对传统道德观念的“更新换代”，引导青少年自主选择正确的、与主流意识形态相契合的网络生存方式。

第四，从网络信息安全监管机构出发，需要加强对网络社会的控制，净化网络生态。“由于网络通信传播没有国界，现实社会的法律条文也难以适用于网络环境，加上网络管理与技术上的漏洞”，网络常常成为一些人进行文化渗透或传播色情、暴力等不良信息的空间。网络社会的净化，需要依靠相关社会组织（法律、行政、教育等）对网络传播的信息、网络传播的行为进行规范、指导和约束，一改网络社会的无序状态。

网络媒体对青少年意识形态带来的一系列问题，单靠技术本身是解决不了的，我们还必须对未来的网络媒体进行设计，为青少年网民提供更优质、安全的信息服务。

第三节　地方性知识对青少年的教育

作为培养人的社会活动，教育如何能够指向并促进青少年的全面发展与自我实现，一直是青少年理论研究者与实务工作界持续探究的核心命题。正如“开展生命意识教育，拓展青少年教育的视域”“以社会教育促进青少年成长与发展”“构建学校、家庭、社会‘三位一体’的德育体系促进青少年全面发展”。从诸如此类的青少年教育研究成果来看，大多数研究者均是在青少年教育的内涵、路径、模式等方面进行广度拓展与深度挖掘的，以期实现青少年的健康成长与全面发展。而对内含什么样的知识的教育能够精准指向并真切实现青少年全面发展这一根本性问题缺少应有的探讨。这或许是因为在科学主义范式下，科学知识始终占据知识世界的独尊地位，其他类型知识的存在空间相对狭小，所以，探讨教育应该包含哪些知识的问题也似无必要，也或许是因为当下青少年教育以理性过度追求，忽视对人文精神知识关注的缘故。然而，在多元文化教育的背景下，作为与普适性知识相对应的地方性知识在教育改革、民族教育、学校教育等教育中的价值已然受到关注和探讨的今天，我们有必要思考，这种与普适性知识相对应的、源于文化人类学范畴的地方性知识具有哪些内涵与特征，其能够为青少年教育的有效开展与实质推进提供哪些有益的思路，这是地方性知识走进青少年教育不可不予以关注的核心问题。

一、地方性知识的内涵与特征

作为后现代主义思潮的产物，地方性知识是与普适性知识相对应的一个概念，是美国文化人类学者克利福德·吉尔兹（Clifford Geertz），在《地方性知识：从比较的观点看事实与法律》一文中正式提出的。在吉尔兹看来，地方性知识是通过“文化持有者”的眼光，在具体的情境中才能够识别的、与地方性相联系的知识。而且这种知识中的“地方性不仅指地方、时间、阶级与各种问题而言，并且指情调而言——事情发生经过自有地方特性并与当地人对事物的想象能力相联系”。同时，吉尔兹还通过讲述巴厘岛上的雷格瑞由于拒绝担任村议会轮值的义务而遭驱逐，成为流浪汉和疯子的事件，意在阐释一种非常类似于法律的东西（地方性知识）充当巴厘岛村民处事规则或解释逻辑。随着地方性知识受到不同领域研究者的关注和探讨，关于地方性知识的内涵也已经突破了吉尔兹最初提出的与普适性知识相对的一种具体的知识边界，“对其应用也已远远超出了文化人类学的范畴，许多学科的前沿研究中都能看到它‘活动’的痕迹”。

（一）地方性

地方性是地方性知识的首要特征。吉尔兹曾言，“后现代性的特征之一就是地方性——求异。不管它的结果是异中求同，还是异中见异、异中求异”。这一特点从最初吉尔兹在巴厘岛的雷格瑞被村议会驱逐的事件中也可以得到证实。因为这种决定雷格瑞命运的村议会准则，反映的是巴厘岛村民自己特有的处事逻辑，如果换作他地，这一解释逻辑就会面临困难。也就是说，不同地域的地方人在长期的生产生活中形成的价值观念、生活方式、传统习俗、行为准则具有显著的境域化差异。

（二）情境性

地方性知识是在特定的情境中生成、确认和理解的知识，这也就决定了地方性知识的情境性特征。也就是说，对于地方性知识的考察，必须秉持“内部持有者”的眼光，着眼于地方性知识生成的具体情境或背景。事实上，地方性知识的情境性特征，也是后现代主义知识观的一种显著特点。

（三）经验性

源于文化人类学的地方性知识明显表征出经验性特征，作为知识体系的地方性知识实际上是某一地域的当地人的生产、生活实践活动经验的系统总结。有研究者也认为，地方性知识是在人们的日常生活经验中产生积累出来的，与当地的生活生产经验密切相关，是实践智慧的经验性表达。由此也可以说，地方性知识是一种实践智慧的经验性知识。

（四）默会性

作为一种抽象的知识观念，地方性知识是在特定的历史条件下所形成的文化与亚文化的价值观，是由特定的利益关系所决定的立场和视域。这种文化的价值观具有默会性特征，也就是说，这种知识是作为一种非正式文本存在的，是一种地方人共同认可的、约定俗成的价值观念、传统习惯，或者在地方人心里的一种心领神会的“潜规则”。

当然，无论是作为知识观念的地方性知识，还是作为知识体系的地方性知识，其都属于与普适性知识相对应的知识范畴，是系统性、多元化知识体系的重要组成部分，其对认知和理解某一地方人的价值观念和行为逻辑提供了专有的“眼光”与路径。换言之，地方性知识的提出，不是对既有的普适性知识的解构，而是作为一种对普适性知识的弥补，其为那些仅凭普适性知识视野去观察和审视具有境域化的事实与行为中的困惑人们，打开了一扇新的认知“窗户”，这也是地方性知识能够迅速发迹，受到不同学科领域研究者关注和引介的一个重要原因。

二、地方性知识对青少年教育的启示

地方性知识的提出与确认导引了知识形态从一元化走向多元化，也隐喻了对知识的认知、理解和运用不能再按照传统的一元观的知识认知模式，必须在具体的情境和场域中去进行知识理解和确认。正如有研究者所言，“地方性知识的确认对于传统的一元化知识观和科学观具有潜在的解构和颠覆作用。过去可以不假思索不用证明的‘公理’，现在如果自上而下地强加在丰富多样的地方性现实之上，就难免有‘虚妄’的嫌疑了”。如果把这种源于文化人类学的知识观引入青少年教育之中，其在教育中的决定性作用、带来知识形态走向多元化的重要意义、教育教学方式的变革，以及与之相匹配的知识学习方法的客观要求，都对当下多元文化背景下的青少年教育的实施有着诸多有益的启迪。

（一）选择双重取向的教育价值目标

“为谁培养人”是任何一个国家制定教育方针与目的、开展教育实践首先要回答的基本问题，就我国而言，培养具有国家规范和价值观念的社会主义“国家人”是毋庸置疑的。但是，如果仅仅把国家规范、价值观念作为青少年教育的主要价值目标，甚至是唯一价值目标，这样就将教育培养目标的丰富内涵简化为单一的国家教育内容，就很容易形成普适性知识的一元化教育模式。同时，在多元文化的中国，倘若只坚守代表国家规范、立志打造国家人的普适性知识的教育实践，其不仅可能引发主流文化的“国家人”的知识空间与具有地方文化特征的“地方人”的地方性知识产生矛盾，而且也可能由于某种程度上忽略了各个地域的青少年个人的当下及未来生活需要的“地方人”的现实需求而遭遇地方性问题的阻挠。由此可知，对于具有境域化和情境性的青少年教育来说，仅仅凭借内含普适性知识的教育，忽视青少年所处的地方性文化与特征，尤其是地方性知识的价值，会使青少年教育培养国家人的目标难以实现，因为每一个地域的青少年都有自己的地方性、情境性的惯习、风俗和规则，也即吉尔兹所言的地方性知识，这种知识的地方性的“制度惯习”、个性禀赋和处事逻辑往往充当着问题解决方式的规约，并决定着事情发展的逻辑走向。因此，对具有地方性特征的青少年进行教育，需要进行整体性的认知与行动，树立国家人与地方人的双重培养目标，也即既要关注国家规范、价值观念的教育，也要重视和考量青少年所在地域的地方性知识的特征和要求，使青少年接受的教育与地方性文化、习惯相吻合，源于地方青少年个体发展与生活的需求。

（二）秉持多元文化的知识观

教育被赋予了促进人的发展与完善的功能与期待。那么，内含什么样的知识的教育，才能够实现青少年的发展与完善的目的，是进行青少年教育必须思考的首要问题。从当下青少年所接受的知识类型来看，科学知识始终占据独尊的地位，其他类型的知识鲜有存在的空间。然而，青少年的发展与完善仅仅依靠具有普适性知识的科学知识是否足够？地方性知识能否在青少年发展与完善上提供能量支持？王鉴教授对此问题进行了回答，他认为“随着科学知识局限性的显露和其他知识价值的凸显，人们逐渐认识到科学知识只是知识世界中的一员，它对人类社会的贡献也是有限的，知识世界中还存在许多与科学知识具有同等地位的知识类型，而且它们在各自的场域内均具有不可替代的价值。地方性知识就是在这种背景下被解放出来的”。由此观之，地方性知识的提出，对传统的一元知识观具有颠覆作用，对多元文化的知识观的建立具有重要的意义。可以说，地方性知识具有重构知识观的作用。所以，为了更好地发挥教育之于青少年发展与完善的功能，需要树立内含多元文化知识的教育，也即青少年教育的知识观，一方面在肯定和坚守传统科学知识对于青少年知识结构、能力发展以及为未来职业发展的功能与价值的基础上，不断探寻和拓展有利于青少年身心健康发展的科学知识类型，使其成为青少年教育内容的重要组成部分。譬如，加强青少年认识和珍惜生命意识教育、提高青少年的生命意识能力，因为生命的存在是青少年发展与完善的前提基础；另一方面，也要关注和容纳处于“小众”的知识类型，诸如文化人类学话语体系中的地方性知识、实践性知识。因为这类属于后现代知识观的范畴，其都具有显著的情境性和建构性特征，而且“地方性知识不是一种外在于人的、被动的‘客体性存在’，而是一种内在的、主动的‘动态化存在’，学生与地方性的关系由主客二分的认识关系变成了一种开放、平等的对话关系”。由此可知，对于这类知识的学习，不仅能够促使青少年与知识产生互动与协商，甚至可以促使新知识的建构，也可以促使青少年的知识学习过程发生根本性转变，也即从传统的知识空间的迁移过程，到知识的协商过程乃至建构过程。事实上，青少年在知识的协商与建构过程中，也能够培养学习兴趣、提升认知能力，最终促进其发展与完善。

（三）确立生活化的教育教学观

无论是杜威的“教育即生活”思想，还是陶行知的“生活教育理论”，其都强调教育与生活是一种形影相随的耦合关系。如果没有生活的存在，任何教育都不能称为“真教育”，其促进人的发展与完善也自然无从谈起。那么，在多元文化知识观的导向下，如何使普适性知识和其他属于“小众”的知识更有效地理解和汲取，是青少年教育实现人的发展与完善的又一重要问题。作为多元文化知识体系的一种，地方性知识促进学校教育与生命的相遇与相映的价值论证，也对青少年教育教学有着有益的启迪，也即在对青少年教育中，要确立以生活为载体的教学观，或者说是生活化的教学观。首先，生命知识的教育教学上，不仅要求教育者进行以青少年日常生活为主题内容的生命教育教学，培养青少年的生命意识与认知，还要适时组织青少年亲身参与生命救援活动，增强其对生命宝贵的实践体验；其次，在思想道德知识教育教学上，家长和老师理应抛弃传统的脱离生活的直接说教法，采用榜样示范法，也即带领青少年学习和认知身边的先进榜样人物事迹，并尽可能地使青少年与先进榜样在实际接触中，领略到先进榜样的高尚道德情操、无私奉献精神，进而产生发自内心的敬仰之情和模仿意识；再次，在学科知识的教育教学中，要求教师要将科学知识学习与青少年的日常生活有机结合起来，做到知识教学源于生活、寓于生活，充分体现对青少年有意义生活的关照，以激发青少年的学习兴趣和好奇心，从而使其体验到学习的乐趣与知识的价值。而不能使他们“坐在教室里听那些自己根本不感兴趣也不理解的事，努力记住一大堆毫无意义、零零碎碎的知识，而这样做的理由就是将来有一天可能会用到这些知识，尽管老师和学生对是否真会有这样一天都持怀疑态度”；最后，在对青少年的地方性知识的教育教学中，要求教育者要重视地方性知识的生成背景和情境，在社会与生活实践中把握地方性知识的内涵和特征，这一方面是由地方性知识的情境性和经验性特点所决定的，另一方面，也是提高青少年知识学习效率的客观要求。

（四）采用社会实践的学习观

知识与学习是一对相互依存、难以割裂的关系体。地方性知识走进青少年教育，不仅意味着对传统一元化知识观的解构与多元文化知识观的重构，也暗含了不同类型、范畴的知识学习也应该采用与之相契合的学习方法。但是，从根本上讲，“一切知识首先都是地方性的知识，任何一种文化语境中的知识生产，都潜藏着独特的禀赋和鲜明不同的创造性”。由此可以说，对于地方性知识的文化人类学的学习方法，也应该成为青少年知识学习的普适性方法。事实上，文化人类学的学习方法也具有自己的独特价值，一方面是由于地方性知识具有自己的情境性、经验性特征，通过社会实践的学习，才能够真正把握地方性知识的内涵与要义；另一方面，地方性知识是一种“动态的存在”，对于这一知识的学习能够使知识与青少年互动起来，学习过程是一种意义协商的知识建构过程，作为知识学习的主体，青少年在学习中的角色从“知识人”向建构者方向转换。也就是说，对于这种知识的汲取，能够体现青少年的主体性存在，而这恰恰也是当下青少年教育教学的理念诉求。那么，如何在青少年知识学习中，引导青少年运用社会实践的学习观念与方法呢？具体来说，需要做到以下两个转变：一是要求青少年学习方式的路径转变，也即从“主客分离”的单向度知识学习转向“主客一体”的双向互动学习，同时，要形成一种知识来源于具体情境中对已有知识、事物、经验和理解的互动性的联结和建构的观念。这主要是因为“学习是栖居世界中具有能动性的整个社会实践中的一部分”，是“对不断变化的实践的理解与参与”。也就是说，青少年只有转变学习观念，积极参与到各种地方文化实践中去，主动地与知识、同伴群体、教师进行有意义的协商，才有可能真正获取知识；二是要求青少年学习场域的转换，也即从课堂教材走向社会实践。这也就是鼓励青少年在日常生活的社会实践中去探究、协商和建构。无论是普适性知识，还是地方性知识，都能够在日常生活中找到其存在的本源，只要青少年深入社会实践的具体问题情境中去反思、批判，进行问题情境下的有意义协商与建构，就能够真正汲取与完善知识。事实上，这也是地方性知识的境域性、情境性和默会性等特点对社会实践学习方式的客观要求。

第四节 中华优秀传统文化与青少年教育

改革开放40多年以来，我国发生了巨大而深刻的历史性变化，各领域取得了举世瞩目的伟大成就，然而当前青少年思想道德建设问题仍然在一定范围和一定程度上比较突出，如部分青少年生活方式不健康；崇洋媚外，盲目崇拜；社会责任感淡薄，担当不够；颓废的“佛系”心态盛行；爱心不足，自私任性；精神空虚，社会信仰缺失；心理问题显现……青少年是祖国的未来，承载着民族的希望，青少年思想道德建设事关建设新时代中国特色社会主义事业后继有人的“战略问题”。

诚如孟子所言：“饱食、暖衣、逸居而无教，则近于禽兽。”青少年出现不良思想行为与教育缺失、引导不当、外界不良影响都有很大关系。中华优秀传统文化是中华民族的“根”与“魂”，其蕴含着丰富的道德理念和规范，如天下兴亡、匹夫有责的担当意识，精忠报国、振兴中华的爱国情怀，崇德向善、见贤思齐的社会风尚，孝悌忠信、礼义廉耻的荣辱观念，体现着评判是非曲直的价值标准等。中华优秀传统文化教育对于正处于人生“拔节孕穗期”的青少年的培育具有积极作用。

一、中华优秀传统文化教育当前存在的突出问题

当前，我国对青少年优秀传统文化教育不断加强并且取得了一定成效，但是现状还不尽如人意，仍存在一些突出问题。

（一）传统文化教育意识弱化

现行教育体制影响和制约着青少年学习和了解中华优秀传统文化，有些地方政府、学校、家长对于优秀传统文化的传承和发展还只是停留在敷衍应对的层面。部分青少年

对优秀传统文化即使有了解但认识还是比较模糊，至多停留在最基本的层面，甚至有人认为它已经过时、不合潮流了。

（二）网络和电子产品冲击着青少年优秀传统文化教育的内容和途径

不少互联网媒体为了追求点击率、收视率，吸引眼球，节目粗制滥造和恶俗恶搞，优秀传统文化被人为地歪曲，对传统文化缺乏正能量的宣传，未能履行好传播“好声音”的社会责任。网络世界的内容纷繁复杂，不良思潮和错误、庸俗、肤浅的思想文化对心智尚未成熟的青少年的负面影响极大。

（三）目前教育的表现形式和内容难以吸引青少年

教育形式没有与时俱进，重知识讲授、轻精神内涵阐释，表现形式单一，缺乏吸引力，内容呈现碎片化致使传统文化深度与历史意义被削弱。精品少，不少读物还是古文，内容晦涩难懂，相关教材没有经过简化改编，青少年提不起学习兴趣。

（四）全社会各方力量仍未形成合力

部分地区和学校还没有完全形成全社会全员参与的良好态势，开展传统文化教育的手段还主要依赖于课本。

二、着力寻求多元支撑进行中华优秀传统文化教育

道德源于教育，重在传承、贵在实践。面对新形势、新要求，我们应该着力寻求传统文化教育的多元支撑，坚持课堂教育与实践教育相结合，以优秀传统文化丰富的内容滋养青少年心灵。

（一）发挥学校主阵地作用

1. 优秀文化进课堂

开辟和创建具有地方特色的校本课程，让地方优秀传统文化进教材、进课堂。利用并深挖当地丰富的历史文化资源，结合本土民族特色文化，有针对性地进行地方优秀传统文化教育。

2. 加强校园文化宣传

如利用校园文化节、课外活动、宣传栏、教室文化墙、艺术长廊等传统阵地宣传，举办校园经典诵读比赛。

3. 实施“互联网 +”教育

采用中华优秀传统文化共享形式，搭建平台—借助网络—学生当主角，开展网络传播教育活动，活动融入地方优秀传统文化元素和内容，有效地推广地方方言，诵读本土

歌谣、诗歌、谚语，讲述当地仁人志士故事等。

邀请当地文化民俗研究学者、革命前辈、民间艺术家到校专场演讲授课，介绍地方生活习俗、礼仪礼节，讲述当地革命先烈的光荣事迹，传授民间手工艺术。

（二）融入家庭日常教育中

首先，家长要言传身教，在日常生活中培养孩子的文明礼仪和良好生活习惯。重视社会道德、家庭伦理“孝悌忠信”以及本宗族良好礼仪传统风俗习惯的教育，营造爱国守法、遵守公德、珍视亲情、勤俭持家、邻里和睦的良好家风教育氛围。

其次，要讲好中华文化故事，如为人处世、崇德向善的名人故事，孝敬父母、尊敬师长、友爱兄弟、家族伦理的美德故事，并教会孩子一些本土优秀的民间歌谣、地方戏曲、民族舞蹈等。

最后，家长与孩子共同参与传统文化体验、传统节日活动、主题教育实践活动、志愿者服务等公益性活动。

（三）构建互为补充、相互协作的教育格局

第一是政府主导、社会参与，建立文化传承发展基地，整合当地文化馆、图书馆、博物馆等场馆资源，打造本土历史文化展馆、非遗展厅、优秀传统文化展演、文化发展顾问工作室和作品展示馆等，展示本地悠久的古建筑历史文明和风土人情，促进优秀传统文化的传播。

第二是依托当地现有的革命红色教育基地、文化馆、图书馆、博物馆、画院、青少年教育馆等公共文化机构，进一步挖掘、整合传统文化教育资源，建立更多传播红色基因、传播优秀传统文化的青少年教育实践基地。

（四）借助互联网平台带来新的切入点和活力

传统文化不缺内容，缺的是传播渠道。政府、学校和社会搭建互联网平台，赋能传统文化，发挥互联网在传统文化当中的唤醒功能、激活功能、复现功能，并且找到与年轻人“玩在一起”的表达方式，赋予传统文化更具时代特色的灵动内涵。

1. 寓教于乐

运用网络直播平台，将深奥的传统文化、伦理道德思想通过生动活泼、幽默风趣、浅显易懂的形式加以呈现，寓教于乐，让青少年在开心玩乐中接受优秀传统文化的熏陶。

2. 形式创新

以古老传统的民间艺术形象为原型，如狮舞、花灯、武术等，设计成卡通动画或制作微信表情包，让民间艺术以数字的形态得以保留，创作更多的数字艺术产品，“活化”

优秀传统文化，使传统文化与大众生活有效连接。

3. 丰富数据

依托高校网络文化示范中心、大学生网络文化工作室等，构建优秀传统文化网络，拓宽适合青少年学生学习特点的线上教育平台。选取一批具有代表性的中华优秀传统文化经典诗文，充实丰富“中华经典资源库”。设立如中国大学生在线、易班网等中华优秀传统文化教育专栏，让青少年学生进行形式活泼、内容丰富的在线学习。

春风化雨，润物无声。我们着力寻求中华优秀传统文化教育的多元支撑，激活青少年学生心中传统文化的精神基因，让他们从内心深处触摸其精神内涵，感悟其独特魅力，从而让我们的优秀传统文化生生不息、世代相传。

第五节　音乐对青少年教育的重要作用

当今有些地方对具有低级趣味的音乐听而不闻，视而不见，见怪不怪，任其泛滥，致使一些青少年学生受到毒害，甚至有的走向犯罪道路。有的同志说，听听“流行歌曲”有什么大惊小怪！有些歌优美动听，歌词也看不出什么问题，何必小题大做！其实，这是由于不了解音乐对人的教育作用所造成的。古人云：“乐以治心。”音乐是人的精神食粮，音乐是一种灵魂的语言，好的音乐能陶冶人的情操，锤炼人的意志，在人们的精神生活方面起着潜移默化的作用。

音乐直接作用于人的精神生活。低级趣味的音乐，对人类是十分有害的。那些低级趣味的音乐，不是叹息人生莫测，就是孤独失意，顾影自怜，寻找毫无基础的爱恋之情；不是追求寻欢作乐，及时行乐，发泄自己的苦闷，就是赞美不切实际、虚无缥缈、子虚乌有的物质生活。如果长期沉湎于其中，人就容易多愁善感、精神恍惚、意志消沉、不思进取，受到坏思想意识的腐蚀。而且那些低级下流的情调，又容易使人们养成比较低级、庸俗的音乐审美感。如果再加上生活中其他不健康因素的影响，就会对青少年学生造成难以估量的后果。与此相反，如果我们的音乐教师，在教育教学过程中，积极地引导学生欣赏好的音乐，欣赏充满正能量的音乐，那么就会陶冶青少年学生的情操，培养青少年学生健康的审美趣味，使他们树立正确的世界观和人生观，对生活有正确的态度，从而推动我们教育事业的发展，促进青少年学生的健康成长。因此，在教育教学过程中，决不可小看音乐的力量，既要重视语数外的教学，也要重视音乐课的教学。

我们的祖先十分重视音乐对人类的教育和对社会发展的作用。在远古社会中，音乐与其他艺术形式是紧紧联系在一起的。劳动人民通过载歌载舞，陶情适性，以表达自己的思想感情。人们还通过音乐反映他们对大自然、对人生、对社会的看法，并用音乐来进行思考，抒发内心情感，启迪智慧，甚至用音乐来给人治疗疾病，消除痛苦。由此言之，音乐如同空气和水一样，和人有着密切关系。纵看古今，横看中外，很多志士仁人强调音乐对人的教育作用。巴尔扎克说："音乐是一切艺术中最伟大的艺术。"达尔文说："世界如果没有音乐，那么世界也就不存在了。"《乐记》说得好："乐也者，圣人之所乐也，而可以善民心，其感人深，其移风易俗，故先王著其教焉。"由此可见，音乐和人类生产生活是密不可分的。

随着社会的发展、人类的进步，人们越来越意识到音乐的教育作用。广大劳动人民也运用音乐这门艺术，以民间音乐、民歌等形式来表达思想感情和歌颂理想、志向，追求幸福美满的生活。特别是到了近代和现代，音乐的教育作用更显而易见了。

音乐有其特殊的教育作用。音乐能够影响人，造就人。优美动人的音乐，可以净化人的心灵，使人的感情得到升华。古往今来，很多杰出人物，如恩格斯、列宁、李大钊、郭沫若等，都不同程度地受到音乐的影响。他们从音乐中吸取力量，领悟人生真谛。大家知道，音乐最大的特点是它能够通过旋律，表现人类最为细致的心理活动和思想感情的波动。如果我们的音乐教师在教育教学过程中，能够引导学生感受这种情感变化，也就能在青少年学生的心中引起共鸣，从而理解和推知音乐家的思想感情以及理想追求。这样，青少年学生长期受到积极健康音乐的熏陶，就会潜移默化，耳濡目染，以至在精神面貌和思想感情方面受到影响。

有些教师认为，那些描写山川河流、春花秋月、自然风光的音乐作品，不过让人一听了之，何用之有？描写大自然的音乐作品，果真对人类无用吗？回答是否定的。

可以说，无论是过去还是现在，我们有很多作品是描写山川河流、春花秋月、自然风光的。只要你仔细认真地进行一番体会和回味，你就会深深地感到，音乐家写出的这些作品是和他们的思想感情、理解、认识密切联系在一起的。中国有两个成语，叫"情景交融""触景生情"，在音乐教学中也是如此。举例来说，同样是写春天的作品，在格里格的《致春天》中，呈现为早春解冻，万物复苏，象征着挪威民族的独立；在约翰·施特劳斯的《春之声》中，我们又看到维也纳人民欢呼春天到来的万般喜悦；在舒曼的《春天交响曲》中，春天为他历经磨难的幸福婚姻增添了不少情爱。我国民族乐曲中春天又是另一番景象。《春江花月夜》不仅表现出浓厚的生活气息，而且把江南春夜的景色描绘得诗情画意，同时寄寓着游子思归的离别相思之苦。从这些乐曲中我们不但能够看到春天的丰富多彩、五颜六色、万紫千红，同时也能够使我们增长见识，提高审美能力，也教育我们应该如何珍惜大自然的春天、人类的春天、祖国的春天。

毋庸讳言，音乐是反映人类现实生活情感的一种艺术。音乐是人们感情的语言。音乐可以陶冶情操，激发人们的思想感情，拨动和净化人们的灵魂。音乐为人们带来听觉的享受。音乐能够提高人的审美能力，激发人们树立崇高的理想。例如，早在 1934 年，聂耳的《毕业歌》通过扣人心弦的传播，极大地鼓舞了为抗日救亡而战的广大中国爱国军民，体现出中国共产党抗日救亡的思想路线。《义勇军进行曲》在战争年代曾激励亿万人民为争取自由解放而战斗。歌曲环环相扣，层层推进，给人以坚定不移、势不可当之感。这首歌曲使全国人民在抗日的战火中万众一心，众志成城，奋勇争先，团结抗日。冼星海的《黄河大合唱》，在抗击日本侵略者的艰难岁月里，给了中国人民极大的勇气和力量，为中国人民打倒日本侵略者提供了巨大动力和精神力量。时间虽然过去了很久，当我们再一次欣赏《黄河大合唱》，仍然心潮澎湃，热血沸腾，群情激奋。进入 21 世纪的今天，和多年前《黄河大合唱》诞生的时代、生活背景虽然完全不同，但是，这部作品对中华民族所起的精神激励作用仍然存在。

综上所述，我们在教育教学过程中，要高度重视音乐的教育作用，要认真研究音乐课堂的教育规律，积极地引导学生学习音乐知识，欣赏健康的音乐作品，学会从音乐中吸取健康的营养。要引导学生从音乐中吸取力量，滋润心灵，并通过音乐来抒发情感，努力把学生培养成有理想、有志向、有觉悟、文武双全的社会主义接班人。

第三章　青少年教育发展

第一节　社区青少年教育工作策略

随着社会的高速发展，人们对青少年的教育情况愈加关注。社区是青少年活动与娱乐的主要地点，同时也是青少年教育的空白之处。教育人士通常将主要精力放在青少年的学校学习与家庭生活中，却忽略了社区生活也是青少年成长发育的重要环节。为保证青少年未来良好的发展，管理人员要呼应国家的教育政策，在社区创新教育活动，以丰富青少年的生活经验，培养青少年优秀的思想品德。

一、充分开发社区教育资源

不同于学校教育与家庭教育的中规中矩，青少年社区教育相对来说形式更加多样，其教育资源也十分丰富。比如，有的社区内存在小学、初中、高中、大学、职业院校等教育机构，公立学校大多遵循对外开放的原则。社区内的青少年可以就近参观学校，感受浓厚的教育氛围。同时，许多学校也会定期组织社区活动，在锻炼学生生活能力的同时，也使学生与社区内的青少年增加互动，共同体验良好的社区教育。

除了直观的学校教育资源，有些社区也临近公安局、消防队、医院等公共单位。社区管理者可以联系各单位的负责人，共同举办社区青少年教育活动。比如警察在社区中为青少年普及防盗的知识；消防队员开展的消防安全讲座，可以增强青少年的防火意识；医生通过讲解一定的医疗知识、传授一些常用药的使用注意事项，帮助青少年对健康防护得到足够的了解等。

通过整合多种多样的社区教育资源，将学校、社会、青少年、家庭等各项因素通过互补、协调的方式良好地结合在一起，这是社区青少年教育工作的必经流程，同时也是社区管理者需要着重注意的教育建设方向。

二、在社区教育中融入传统文化思想

我国的传统文化博大精深、源远流长，其中蕴含着许多人文、哲学、道德、思想上的真理。在社区青少年教育工作中渗透传统文化思想，可以从德、智、体、美、劳等多个角度促进青少年成长。

比如，就弘扬孝道的社区教育活动而言，社区管理者可以举办“孝道”教育讲座，对青少年普及古代先人孝顺父母的行为美德。像怀橘遗亲的陆绩、拾葚异器的蔡顺、涤亲溺器的黄庭坚等，都可以作为当今社会中青少年行孝的效仿对象。在开展孝行讲座的同时，社区也可以鼓励各家庭参与其中，让青少年力所能及地为父母长辈尽一份心意，以达到孝道教育的目的。

除了孝行讲座，《弟子规》实践活动也十分适合青少年的社区教育。《弟子规》全文包括孝、悌、谨、信、泛爱众、亲仁、余力学文等内容，几乎囊括了所有青少年所要遵循的良好行为操守。开展《弟子规》实践活动不仅可以培养青少年的道德素质，还能端正青少年的学习态度。比如“冠必正，纽必结”，教导青少年衣冠要端正整洁；又如“衣贵洁，不贵华”，引导青少年追求整洁、朴素的审美品位。通过结合《弟子规》的内容，开展对应的学习活动，青少年可以规正自身的不良习性，让品德在良好的环境中得到培养。

三、参考国外的社区教育建设经验

许多发达国家都十分关注青少年的社区教育，并且积累了大量的实践经验。我国社区的管理者可以参考国外成功的社区教育建设案例，为社区教育发展提供有力的借鉴。

比如，在资金的统筹方面，日本的社区教育发展十分迅速，其主要原因就是得到了政府的大力支持。日本政府十分重视通过法律制度推动社区教育的发展，并且建设了大量的图书馆、博物馆等社区教育设施。美国青少年的社区教育除了寻求政府的支持，还向社会各公司、财团等私人机构寻求捐款，大力呼吁志愿者支援建设，因此，也保证了社区教育工作的顺利开展。这些都可以成为我国社区青少年教育建设的参考经验。

再比如，社区教育工作的组织机构方面，国外青少年社区教育工作不一定由当地社区开展。许多国外社区的教育活动通常会联系一些志愿组织、公益单位、非营利机构来主导运行。由此，不仅减轻了社区的经济压力，还呼吁更多社会人士参与社区青少年的教育活动。例如，日本的后援会，就是将学校、家庭、社区联系在一起的纽带，同时也是经常举办青少年教育活动的领头单位。法国、美国、德国、英国等国家也有类似的组织，里面集合了许多志愿者，帮忙参与社区教育建设。我国也可以借鉴这些国家的措施，在社区建立对应的教育组织，为社区的青少年教育工作提供有力的帮助。

青少年是祖国未来发展的希望，是支援社会进步的预备军。关于青少年的社区教育事业要从全方位入手，多点出击。在保障学院教育与家庭教育的同时，让青少年融入社区的教育建设工作之中。青少年的社区教育培养是一项长久的任务，社区管理人员要革新自身的教育理念，结合国内外先进的社区教育工作经验，大力推动社区教育的建设，为青少年的健康成长保驾护航。

第二节　科技馆与青少年教育形式

一、实行科技馆教育的意义

在进行相关的科技馆教育的过程中，科技馆工作人员首先应该告知青少年科技馆教育的相关作用。科技馆教育是为了补齐学校教育的短板，以往的学校教育忽略了学生实践能力以及个人情感方面的具体培养，这就导致了学生动手实践能力和对相关问题的探究能力的欠缺。而科技馆作为对青少年进行科普教育的重要机构，可以有效地提高青少年的个人素质以及社会公共参与意识，同时还有助于拓展青少年的科学思维，培养青少年的核心素养，为接下来的生活学习创造便利条件。

二、实行科技馆教育的策略

（一）及时进行设备的优化

科技馆的工作人员应该及时对相关的设备进行相应的优化，为青少年提供条件。科技馆的工作人员还应该适当开展活动，通过相关的活动对学生进行相应的培养，使学生的动手实践能力和对相关问题的探究能力得到相应的培养。

科技馆的工作人员应该时常对相关的设备进行维护和优化。在馆内张贴相应的条例须知，对前来参观的青少年进行科普知识的讲述。同时，在引导青少年的过程中，工作人员应该知晓青少年更加擅长直观的记忆和理解，所以，可以开展相应的具体活动，比如，对学生进行防火灾训练，告知青少年在面对不同火情时，应该如何应对。还可以创设相关的情境让他们进行体验，也可以结合相关视频进行直观的讲解，提高青少年的理解能力，为日后的教育创造便利。

（二）开展专业的素质培训

在进行科技馆教育的过程中，工作人员应该意识到青少年的个人能力和指导者的能力密切相关，所以，指导者应该不断充实自己，科技馆的管理人员还应该及时邀请专业的团队对工作人员进行思政教育以及相关工作能力的培训，提高工作人员的个人素质，为接下来的工作创造条件。

培训人员可以询问大家相关的问题，创设问题情境，并结合实际案例进行讲解。随后还应该对工作人员进行考核，考核内容包括工作能力、工作态度以及相应的应变能力。管理人员可以根据工作人员的考核结果进行量化评比，激发大家的竞争意识。同时还可以对工作人员进行小组划分，提高团队整体能力。

（三）实行线上信息科普

教育教学可以巧妙地结合线上活动，发布相关信息，对青少年进行线上的科技科普教学，还可以适当组织线下活动，让他们彼此之间进行实际交流。通过线上线下融合教学提高青少年的科学素养，为他们接下来的生活以及学习创造便利。

在进行科技馆工作过程中，工作人员应该建立官方网站或者公众号，邀请青少年关注，及时发布科普知识，告知青少年进行线上教学的时间和主题内容。在进行线上教学的过程中，培养青少年的探究意识。科技馆也应该设置匿名意见箱，鼓励大家积极提意见，以了解受众的需求。

综上所述，对青少年进行科技馆教育，相关人员首应该做到以下几点：首先，需要向青少年讲述科普教育意义；其次，科技馆的设备管理人员同时应对设备进行及时优化和维护，并严格遵守管理制度，主动补充专业知识，增强工作能力；最后，还应该进行线上普及，打破时间与空间的局限对青少年进行整体性教学。

第三节　后物质主义价值观与青少年教育

一、对后物质主义价值观的解读

近几年来，随着经济社会的发展，物质主义和后物质主义作为两个高频词语出现在学术界和我们的日常生活中。对于物质主义和后物质主义，国内外的学者从不同的视角进行了解读。马越在《从物质主义到后物质主义》中提道：“物质主义的第一层面涉及的是哲学问题，即关于物质与意识的关系问题，从哲学本体论的意义上讲，物质主义（唯物主义）认为世界是由物质组成的，物质决定意识。”物质主义的第二种解释是基于社会学和伦理学的角度，与后物质主义相对应。大多数学者在谈及物质主义是基于第二个层面的。陶文昭在《后物质主义及其在中国的发轫》中认为，物质主义时期，人们追求金钱和物欲，关注“经济增长”、政治上倾向于权威服从，物质主义价值观盛行，后物质主义价值观则是与物质主义相对立的方方面面。后物质主义价值观最早出现在绿色生态运动和绿色思想的研究中。1977 年，美国学者罗纳德·英格尔哈特（Ronald Inglehart）在《静悄悄的革命——西方民众变化中的价值观和政治方式》一书中首次提出了后物质主义概念，论述了后物质主义的有关原则。所谓后物质主义，是以“雅皮士”（YUP，城市青年专业人员、公司白领）为代表的“新中间阶级”的价值选择和思想倾向，后物质主义更注重自由、精神、民主、自我实现、意义等非物质方面，追求政治自由与个人价值的实现等。

综上所述，物质主义指的是一种强调拥有物质财富对于个人生活重要性的价值观念，物质主义强调生存层次的需求，趋向于追求名利、身份、地位，是一种以符号（名利、身份、地位等）为追求、以财富的获取作为其生活重心的传统意义上的生存发展观。后物质主义是在物质主义发展到极端阶段，作为其对立面而产生的。后物质主义强调发展层次的需求，趋向于追求政治民主、精神自由、生活质量、环保、健康等高层次的一种生活方式和态度，是一种以精神为追求、顾及未来人类生存与发展的现代意义上的幸福价值观。

二、当前我国后物质主义发展的特点

西方的很多发达国家基本上已经实现了物质主义向后物质主义发展的过渡。远离物质主义，关注生活质量和身心健康，崇尚自由、追求人生价值的实现，采取更和谐、更符合生态文明、有利于可持续发展的新模式，已经成为大多数欧洲国家的发展选择。20 世纪 80 年代，我国开始受到西方后物质主义思潮的影响，基于我国的基本国情和经济发展状况，在社会转型和发展中，具有自身的规律性和复杂性。物质主义和后物质主义同时并存、相互交织、发展水平低、发展不平衡、物质主义占主体等因素，形成了种种复杂的社会效应。

学术界很多学者对物质主义持消极的态度，更多阐释其消极影响。在物质主义价值观的影响下，人们的物欲日益膨胀，经济的发展以环境、生态的破坏为代价，给自然界和人类社会带来了一系列的挑战。一些社会活动家甚至也指出，物质主义价值观与一些严重的社会问题，如经济不平等、战争威胁、犯罪率增多、毒品泛滥、自杀倾向之间有着某种必然的联系。当然，这也引发我们不得不思考这样一个问题，物质主义就一定是消极的、后物质主义就一定是我们应该追求的吗？学界中也有部分学者认为，物质主义不一定都是消极的，不管是对于幸福感的提升还是不安全感的消除，物质主义在一定程度上都有积极的作用，还有很多学者致力于研究物质主义与幸福感的关系等。也有学者认为，后物质主义并不意味着对物质主义的根本弃绝，其在一定程度上是人类社会文明与发展的体现。两者之间有着紧密的关联。当人们在经济上获得了一种高度安全感的情况下，后物质主义才会产生，这意味着人们在得到经济保障和物质安全后应追求一系列更高的目标。可以看出，物质主义和后物质主义两者并没有优劣之分，两者是时代发展变化下的产物，是相互联系层层递进的关系。没有工业时代下物质主义来满足人类基本生存层次的需要，又怎会有信息化时代下人们对于后物质主义的追求。正如马斯洛的需求层次理论，生存层次的需求和发展层次的需求同样重要，区别在于不同时代下发展程度的差别。

三、后物质主义价值观对青少年教育的影响

随着后物质主义价值观思潮的影响，以及我国后物质主义与物质主义发展共存的特点，形成了当前教育领域内种种复杂的效应。典型的表现为：在现代社会中很多处于物质主义与后物质主义价值观中的青少年，一方面他们执着于追求精神自由，另一方面他们又暗自追求着物质的富足。

根据我国青年人价值观的相关调查，我国 90 后青年一代首先显现后物质主义价值观取向的特征，他们更多注重自我实现、生活质量、崇尚自由，但是他们并不拒绝对物质、名利的追求。根据教育部思政司对改革开放后大学生代际特征的研究，其中提及 90 后一代的代际特征是理性务实、折中整合，总体倾向于积极宏观、内控、理想和注重精神生活，但依然表现出选择的矛盾性。这种情况具体反映在当前青少年具体的学习领域中。基于笔者在学校的实习经历，以及对很多中学一线教育的访问中了解到：现在的学生“不好管”、纪律性差，个人主义倾向严重，他们会用“我很佛系”等网络热语来评价自己，认为这是自我个性的展现。

自 2017 年 12 月以来，许多中国青年喜欢用“佛系”作为自己的标签，这些都反映出在后物质主义价值观发展的影响下，青少年处于两种价值观的张力中。笔者在实习学校对学生的调查中了解到，当询问他们为什么不愿意学习时，他们提及了一个共同的原因“没意思、没意义”。当前青少年对学习目标和学习方向不明确，缺乏学习动力，对未来无所希冀，是他们面临的一个共同问题。后物质主义时代背景下，物质生活上的富

足已经让他们失去了学习的动力，“我现在不学习就已经获得很多了”，他们以得过且过的方式度过在学校的每一天，降低了对权威、对教师的敬畏之心，对未来抱有一种既不轻信又怀疑的态度，这种态度导致其本身对于思想、事物以及外在感觉失去兴趣，他们既不肯定历史的经验，也不相信意义的本源及其真实性。深受此影响的当代青少年的发展目标及精神追求变得虚无与匮乏。更为严重的是，某种程度上他们淡漠了家庭观念、国家观念、民族意识，降低了对传统主流文化的自信，更倾向接受多元的文化思潮，降低了凝聚力。正如英格尔哈特指出的，后物质主义是自己的掘墓人，形成了文化的冲击。

四、后物质主义价值观对青少年教育的启示

在后物质主义背景下，当代青少年思想更加开放，思维更加活跃，追求自由民主，追求个性发展，追求轻松学习。对于教育来说，这种转型期也正是教育的机遇期，作为教育者要抓住这个关键期，做好学生的引导工作。学校教育、家庭教育和社会教育都要积极应对，三方协力。

（一）学校教育要反思：加强道德教育，注重精神与物质之间的相对平衡

学校承担着人才培养、道德教育、文化传承和科学研究的重要职能，这一切都需要教师与学生来完成。从长远发展角度来看，青少年才是学校发展及民族未来发展的主体，当代青少年的思想精神状况和学习状态直接关系发展的根本方向。后物质主义给当代青少年的思想和精神上带来的冲击及改变使得当前青少年教育工作面临着巨大的挑战，传统的课堂教学、规范管理、口头教育需要与时俱进，需要改革创新，这样才能更好地发挥作用。教育不能只灌输给学生一种价值，而是要引导那些处于迷茫中的学生去思考这个问题，告诉他们这种无意义的感觉其实是正常的，但是要去积极地思考、寻找意义和终极价值。这项工作关键在于把握好二者的平衡与界限，把握好这个度。从唯物辩证法的角度看，对于二者，不能偏向于某一端，而应该辩证看待、恰当运用与发展。对于物质主义价值观和后物质主义价值观这二者孰是孰非我们并不能评判。然而，对于当前青少年而言，正处于这样的社会价值观转型期，可以说是很幸运的一代。在两种价值观的驱动下，他们能够更好地认识自己、认识世界，从而对社会做出贡献。

以《冰点周刊》中的一则新闻为典型案例进行剖析——“县高考状元为什么 9 年不回家”。杨仁荣，2003 年宜黄县理科高考状元，被北京航空航天大学飞行设计专业录取。截至 2018 年 8 月，杨仁荣与家人失联 9 年。2018 年，通过媒体报道看到母亲病重的消息，这名游子才回到故乡。然而，不久以后，他再度离去。故事的前半段，很传统，也很励志；到了后半段，却是主人公频频遭遇困境。杨仁荣对自己成长经历的先后反差也

是不满意的，在采访时他这样回答："我想成功，但是毕业后，社会评判一个人成功的标准从学习变成了物质。我总想在很短时间内做出成绩，可现实往往会给我当头一棒。"由此可以得出，当代青年更能深刻反思物质主义价值观的问题，但又不能完全摆脱物质主义价值观的羁绊。英格尔哈特提道："在造成物质主义向后物质主义目标转变的条件中，关键因素不是人均收入本身，而是一个人的生存安全感。"对于案例中的主人公而言，一方面他缺乏物质主义给予的生存安全感；另一方面，又厌弃病态、鄙视庸俗，追求高层次精神方面的发展。巨大的现实落差与象牙塔中的理想终究存在着差距。

因此，学校教育要引导青少年正确把握物质与精神的平衡与界限。学校要注重对学生核心素养的培养，切实贯彻落实社会主义核心价值精神。

（二）家庭教育要加强：正确引导家长，正确对待亲子冲突

后物质主义在我国代际差距较大的反映，更多体现在家庭教育中。现代的年轻人感到与长辈或者上一代的人有着较大的代沟，这种代沟潜伏着社会冲突的因素。现实社会规范是基于传统价值观，年青一代后物质主义价值观的变化，可能抗拒固有的社会规范，或对社会规范有较弹性的诠释。

作为家庭，要给予青少年正确的引导教育，鼓励式教育，传达正能量。在应对当前后物质主义的思潮下，家庭教育作为重要的防线要做好坚守。成功的家庭教育，需要正确价值观的不断引导，建设良好的家庭文化，才能更好地应对家庭冲突。将积极、乐观、爱国、敬业、自强不息等观念和品质通过家庭的言行举动，春风化雨般渗透孩子的内心，成为孩子深植骨髓的意识，成为孩子的潜在能力。

（三）社会教育要规范：弘扬核心价值观，形成良好教育氛围

要弘扬社会主义核心价值观，引导当代青少年认真践行。全社会要营造这样一种教育核心理念和教育氛围：坚定青少年的理想信念，厚植青少年的爱国主义情怀，增强其品德修养、见识、综合素质等，以更好应对后现代主义价值观下多元化理念的挑战和冲突。在当前的历史条件下，社会主义核心价值观是引导我们处理精神和物质需求平衡的一个共鸣点，紧紧把握正确的舆论导向，增强国家、民族意识，增强民族凝聚力，增强以爱国主义为核心的民族精神和以改革创新为核心的时代精神教育，坚持中国特色社会主义文化教育，弘扬社会主义文化主旋律，为教育提供强有力的文化支撑。

教育从来不是一个人的"单行道"，家庭、学校、社会各尽其职，才能最科学、最充分地发挥力量，更好应对当前后物质主义价值观影响下的教育，促使学生全面发展。

第四节　青少年教育与传统文化继承

青少年是人生成长的关键期，是人生观、世界观取向形成的重要阶段。青少年教育急需处理好两个层面的问题，即如何认识“德”和“技”的辩证关系。第一层面是“德”的认知和教育。德由心生，是由人的内心生发出来的，不是身外来的。“德”就是古代教育的“正心、修身”。正心、修身就是如何做人做事，古代教育的第一堂课就讲这个。传统教育的基准是儒家思想的教育。儒家思想教育自汉武帝“罢黜百家、独尊儒术”起，广泛普及于中国古代思想文化教育制度中。汉代之所以推崇儒家思想，是因为儒家思想、言说本身就具有教育的特色，具有其他诸子百家不能有的“大一统”的思想意味。儒家思想从人的“德”行树立开始到人与社会和谐共生，比纵横家、诡辩家等要好。纵横家、诡辩家讲的是为我所用，只要是有利于我的，我就所用。说到这也就指向了教育的第二个层面，“技”。技在古代教育中以师徒形式传承。早期“禅让”制理念的社会形态，传递出“技”的教授让位于“德”行天下，“技”是服从于“德”的。

而现代教育中的“技”被课堂形式的大众化教育所替代。

今天中华民族伟大复兴伟业的使命正是基于不断呈现的历史而提出，这也是我们为先民们的睿智博达，创造出时代辉煌的物质、精神文明而自豪的一面。同时又反复提醒人们，在发展中不断反省对自身的认识，做出对历史的正确判断。“人定胜天”“物竞天择，适者生存”的理论观念逐渐为人们所难苟同了。顺应自然，而不是违反自然规律的发展观念，已被改变人类生存现状的实践所认可。

“德”的教育不是回到历史上原封不动的拿来就用，简单化理解和不假思索、不研究时代特点的运用是愚笨的。相反，排斥我们祖先创造出来的优秀传统，更是不负责任的，任何作为都应以实践性调查为出处。我们知道，孔子小老子很多岁，孔子多次求教老子，儒家的思想内涵中包含许多道家的影响因素。老子的思想来源有现实的原因，老子提出“道可道，非常道……”，用今天通俗的话讲就是历史的变化发展和治世的方法，是可以说出来、讲出来的。这规律、治世的方法是什么呢？今天看来所应运用的方法已经不同于以往了。分开来理解老子的这句话，第一个“道”是指天地人的生长、生存规律及方法。第二个“道”就是说出来讲出来的意思。第三个“道”在这里其实就是指上古时代，如夏禹、虞舜、唐尧乃至更古代君王圣者观世治世的方法。老子思想的形成跟他曾经做周朝的史官“守藏史”有关。道家重视“无为而治”，“德”立于无为之中。儒家之“德”趋于“善、恶”之别，而近于修为、改行，还于“大同”无为之道。道儒在

“善”行、“德”行韵味中有着共通的一面，但儒家以“德”为先更具有人治社会的现实教育意义。儒家思想成为封建社会文化教育主体而得以传承，是现实、历史筛选的结果。因此，从古至今未变的事实就是“天”规法度、自然运行之理，人的教育必须以此为根本。

青少年时期是人生立“德”的重要时期，是感悟自然规律、社会规则的最好阶段。语文课程在学习文字、读诵诗歌散文和观论听辩中，增强情感注入，使他们在寄情于理中体悟自然妙理、人情人德，抒发真怀，树立理想。拓宽人生尺度，使“小我”——个人置于“大我”——社会之中，在社会发展中追寻人生价值，确立人生目标及意义。在数理化课程学习中，深刻体会数理化变化的定式和规范，认知事物发展变化的合理性与规律性，明确“数”的物质本质观和界域规定性的认知。使他们在生活中形成自我约束、自我规范道德的行为意识，分辨清自我和他人行为对于社会的有益性和危害性，知道哪些事该做，而哪些事不该做。在艺术、自然、科学、社会等课程中，懂得艺术美、自然美、科学美和社会美的真实内涵；从人的情感到思想深处，感悟美存在于人类社会的可知性和必要性；深刻理解社会分工的意义与表现，人类社会创造出的智慧财富的价值体现，以及各学科在交互影响的作用力下的共同目标；使青少年阶段在学习知识、技能的教育过程中，增强使命感和互助观念；认识到在全球经济社会背景下，团队生存发展是时代生产建设的主流和必然。使青少年在个体活动中学会团结，学会互助，善于助人，以集体事业为荣；学会关注社会，关心国家；正确认识传统与当代的关系，个人命运与国家命运的关联性。同时，教育者也必须认清、弄懂、理顺当下青少年教育与传统文化继承的关系及其重要性，使“德”行教育与“技”艺教育真正做到齐头并进，合理发展。

第五节　博物馆在青少年教育中的实践

一、对博物馆教育的研究

（一）选题意义

在博物馆运行及发展中，通常会将博物馆工作的教育机制作为重点，积极推动社会主义核心价值，为博物馆活动的创新以及教育职能的展现提供保障。现代博物馆教育中，应该提高对青少年的教育认识，通过实践育人以及全社会协同育人的方法，进行博物馆教育职能的创新，满足现代教育体系的发展需求。但是，在现阶段博物馆教育职能分析中，存在着教育方法单一、博物馆解说不合理等问题，若这些问题不能及时地解决，会影响博物馆在青少年教育中的价值，为博物馆工作的完善带来限制。因此，在博物馆教育优化中，可以结合青少年教育计划内容，充分发挥博物馆的公共教育功能，为青少年的健康发展提供支持，实现博物馆与青少年教育的有效融合。

（二）研究目的

博物馆作为综合性的文化融合机构，对现代教育存在着一定的促进作用。结合博物馆对青少年的教育价值，深入分析博物馆教育中存在的问题，通过教育内容的整合，进行教育模式的改变，并结合教育需求构建针对性的发展策略。总结博物馆在教育中的价值性积极性，旨在推动博物馆在青少年教育中的稳定发展。

（三）研究方法

1. 文献法

文献法作为重要的研究形式，指通过文献资料查找，分析博物馆的发展动态。

2. 问卷调查法

针对中学以及青少年群体，采用问卷调查的形式，分析调查对象对博物馆以及相关活动的认识状况。

3. 整理分析法

结合问卷内容，获得原始资料，对问卷内容进行分析整理。

二、概念分析

（一）博物馆定义

博物馆在社会发展中的角色逐渐转变，并形成了全新博物馆职能、形态以及收藏对象等。因此，博物馆的定义也不断转变。1946 年，国际博物馆协会成立时，对博物馆进行了定义，博物馆主要是指为公众开放的美术、工艺、科学以及为历史等机构。2001 年，国际博物馆协会对其进行全新定义，博物馆作为社会及为发展服务的、非营利性的永久性机构，向大众开放，为研究、教育、欣赏、征集、保护、研究提供物证。通过对博物馆变化的分析可以发现，博物馆在发展中可以实现对人民群众的爱国教育、社会主义教育，同时能够提高全民族的科学、文化水平，满足现代社会的发展以及文化传承的需求。

（二）博物馆教育

博物馆教育主要面向全体人民大众，尤其是青少年。博物馆在青少年教育中，可以培养青少年群体对文化遗产、爱国主义的认识。因此可以发现，博物馆的教育职能十分重要，其中的教育性展览以及展品会影响青少年的行为及观念，因此，在博物馆教育中，需要结合多种手段，使观众全面掌握、理解博物馆文化的知识及观念，全面增强博物馆的教育职能。

（三）博物馆与青少年教育

通过对我国博物馆运行状况的分析，可以发现我国博物馆的数量较多，而且具有较为浓厚的历史文化气息。在博物馆教育职能发挥中，可以将青少年群体作为主要对象，实现博物馆青少年教育的价值。但是，在我国当前博物馆职能发展中，存在着馆藏不全、基础设施建设不完善等问题，无法实现博物馆教育职能的展现。因此，博物馆发展中，应该结合博物馆与青少年教育内容进行教学模式的创新，充分满足博物馆青少年教育的发展需求。

（四）博物馆与青少年教育的关系

1. 博物馆是青少年的校外教育机构

青少年群体在博物馆参观的过程中，通常由专业的人员进行博物馆陈列历史内容的讲解，这种讲解内容是一种实质性的教学模式。但是，博物馆的历史文化教学与校园教育存在着一定的差异，通过实物的讲解可以提高青少年对历史以及文化内容的认识，为青少年的教育提供有效支持。例如，在博物馆的民族馆中，讲解人员通过向青少年介绍民族服饰以及生产工具等，可以提高青少年对民族文化的认识，掌握民族文化的特点、风土人情等，充分展现博物馆的教育职能。

2. 博物馆与青少年教育的互动性

通过对博物馆教育职能的分析，可以发现博物馆与青少年存在着相互依存以及相互促进的关系。首先，在青少年角度中分析，参观博物馆时可以得到新奇的体验，而且促进了青少年的思维发展。博物馆讲解人员在对展品讲解时，通过专业知识以及针对性知识的讲解，能够提高青少年对博物馆展品的认识，充分发挥博物馆的教育职能；其次，从博物馆角度分析，通过丰富性、多样性活动主体的构建，可以吸引青少年的注意力，激发青少年群体对博物馆的参观兴趣，发挥博物馆的教育职能。因此，在这种博物馆与青少年教育中，通过互动模式的构建，可以充分满足青少年群体与博物馆教育的发展需求，为文化的传承提供支持。

3. 博物馆与青少年联系的紧密性

博物馆作为综合性的教育机构，与青少年存在着紧密的联系。博物馆作为青少年接受历史文化教育的主要平台，具有传统文化教育的重要意义。在博物馆对青少年进行教育的过程中，可以提高青少年对博物馆文化内容的认识，充分发挥博物馆的作用，实现博物馆与青少年的紧密联系，促进博物馆的文化展现以及历史传承。

三、博物馆在青少年教育中的状况

（一）调查报告

1. 调查对象

抽样选择城市中的中学、大学的青少年进行调查，其中，中学生 50 名、大学生 50 名，年龄在 14~24 岁之间。

2. 调查目的

在现阶段教育体系完善中，虽然博物馆教育与青少年教育存在着紧密的关系，人们也认识到博物馆教育在青少年教育中的重要价值，但是，在很多博物馆中青少年的身影仍然较少。通过抽样调查的方法，对这种状况进行研究。

3. 调查内容

针对青少年群体对博物馆的认识形态进行分析，采用问卷调查的形式，对中学生以及大学生各发放问卷 50 份，全部回收。

（二）博物馆在青少年教育中存在的问题

1. 博物馆与青少年之间缺少互动

通过对博物馆在青少年群体中教育状况的分析，发现博物馆的一些活动构建没有与青少年进行融合，影响博物馆与青少年之间的互动效果。也有一些博物馆在发展中，认识到了博物馆教育与青少年之间的关系，提高了博物馆的教育职能，但是在实际实施的过程中，存在以下问题：第一，博物馆在展览前缺少对青少年参观心理的认识，导致研究不足，无法满足青少年群体的基本需求；第二，博物馆展览中，针对青少年的展示手段不足；第三，博物馆展览中与青少年缺少互动性，严重影响博物馆与青少年之间的教育融合，降低了博物馆教育的有效性。

2. 博物馆展品陈列手法相对单一

博物馆教育存在着与青少年之间错位教育的现象，这种错位现象无法展现博物馆的教育职能。在问卷调查中可以发现，由于博物馆展品陈列方法的单一性，影响了其教育职能。在博物馆展品陈列方法分析中，单一问题体现在以下几个方面：第一，博物馆展品专业性较强。通过对博物馆陈列手法的分析，发现展品解析词相对专业，在某种程度上忽视了对青少年的教育，而且一些青少年在博物馆参观中，也无法及时掌握展示品的价值，青少年的求知欲望不能得到满足，影响博物馆的教育职能；第二，博物馆展览内容以及形式缺少创新能力。通过对博物馆陈列内容的分析，发现存在着内容与形式脱节的问题，而且创新力不足，无法展现博物馆的教育优势。一些陈旧的展品脱离了现代化的教育形式，无法满足青少年的教育需求。

3. 博物馆展品讲解形式相对枯燥

当前博物馆展品讲解存在着讲解方法相对枯燥的问题，具体内容如下：第一，博物馆的策划意识相对薄弱。存在着馆员对博物馆教育策划认识模糊的问题，为博物馆教育策划的创新带来限制；第二，实施人员水平相对薄弱。存在着博物馆专业人员较少等问题，这些问题的出现影响展品展出形式策划的创新性。在博物馆展览工作流程以及馆藏中，发现博物馆展品管理相对困难，很多展品无法达到预期效果，为博物馆在青少年教育形式的优化方面带来限制。

四、博物馆在青少年教育中的实践途径

（一）优化博物馆参观流程，提高青少年对博物馆活动的兴趣

在博物馆青少年教育活动构建中，相关管理人员应该结合教育需求，进行博物馆参观流程优化，充分展现博物馆活动的趣味性。通常情况下，博物馆教育流程规划中，应该做到以下几点：第一，在参观博物馆之前应该对参观内容有全面了解。学校作为青少年教育的机构，需要将博物馆的资源整合以及融入作为重点，通过教育方法的完善以及教学项目的整合，进行课程的项目开发。博物馆在教育职能展现中，应该先与学校进行沟通，引导青少年掌握博物馆的参观内容，使青少年在参观中明确参观重点以及参观内容，激发青少年主动探索的意识，为博物馆参观目标的明确提供支持；第二，青少年群体参观博物馆时，需要对其进行有效的引导。现阶段博物馆中，讲解人员应该对青少年进行有序引导，并为青少年提供全面、细致的解读，全面提高博物馆讲解的效果，为博物馆教育职能的展现提供支持。对于博物馆而言，应该对讲解人员进行文化讲解，通过讲座、参观以及博物馆教学观摩等形式进行培训，充分满足博物馆教育的创新需求，加强博物馆对青少年的教育职能，推动博物馆教育体系的稳定发展；第三，引导青少年根据博物馆参观内容，进行观后感的总结。提高青少年对博物馆内容的认识，充分展现博物馆的教育职能，实现博物馆在青少年教育中的价值。

（二）创新博物馆展示环节，实现博物馆教育的价值

通过对博物馆教育职能的分析，在博物馆教育中应该强调展品展示的艺术性。因此，在博物馆展品展示中应该做到：第一，在展示设计中，应该满足青少年的基本需求。青少年具有较为强烈的探究兴趣，但是由于一些展品的展示缺少创新性、艺术性，导致青少年在进入博物馆之后出现枯燥心理，影响青少年对博物馆展品的探究兴趣。因此，在博物馆展品展示中，应该结合青少年的心理特点，根据青少年的年龄、喜好等进行展品

的展示设计，充分满足青少年的基本需求，调动青少年群体的参与兴趣。而且，在不同展品设计中也应该融合特定情节，通过展示材料、色彩、声像以及影像的设计创新，展现展品的生命力，为博物馆展品展示以及教育能力的提升提供支持；第二，陈列展品的设计需要实现多元化、多样化的特点。不同地区的博物馆展品设计存在着一定的差异性，博物馆会根据国家、民族的文化特点、经济结构以及传统历史文化等，进行博物馆活动内容的创新，充分展现博物馆的历史性、文化性特点。在博物馆中，为了提高对青少年的教育性，应该结合博物馆的文化特点，进行青少年教育实践活动的创新，并结合多样化、多元化展品的展示，满足青少年对博物馆的展品学习需求。

（三）强调博物馆与青少年互动，实现博物馆教育创新

博物馆在活动构建中，应该强调青少年参与活动的重要性，通过教育活动的创新以及活动方法的完善，进行活动项目的创新及展示，充分满足博物馆在青少年教育中的互动需求。通常状况下，在博物馆与青少年互动中，应该将博物馆的创新作为重点，并做到：第一，博物馆展示内容以及形式应该贴近青少年，以满足青少年参观博物馆的需求。在展馆展品展示中，相关策划人员应该结合青少年的基本需求，进行展品的创新展示，积极构建多样化的展品展示模式，以满足青少年的心理需求。博物馆可以利用教育资源实现展品内容的直观性、形象性的展现，调动青少年的学习积极性，而且博物馆应结合青少年的特点，进行互动参与性活动的构建，满足青少年的活动体验需求，拉近博物馆与青少年之间的距离，实现博物馆文化教育的价值。例如，在中国丝绸之路博物馆中，通过对陈列二期改造技术的分析，对丝绸部分的工艺进行了调整。调整同陈列内容的展示以及形式的改造，充分满足博物馆展品的创新需求。而且，整个产品展示中也融入了动态性、活泼性的艺术形式，使展品呈现出惟妙惟肖的特点；第二，积极开发娱乐教育相结合的互动活动。青少年群体对新鲜事物较为好奇，因此，在博物馆活动中，应该结合娱乐教育的特点，激发青少年群体的活动以及参与兴趣，展现博物馆活动创新的价值。对于我国青少年群体而言，学习任务相对繁重，因此，在博物馆与青少年活动中，应该针对实际问题进行娱乐以及教育方法的创新，充分展现博物馆活动的价值，为博物馆活动的创新以及互动教学的完善提供参考。青少年都有活泼、好动的特点，注意力难以较长时间集中，一般会维持在 20 分钟。一些枯燥性的展厅，很难激发青少年的研究兴趣，无法满足博物馆与青少年的互动需求。因此，在博物馆与青少年教育中，应该结合多样性活动形式，进行模型道具、实物道具、视听结合的综合利用，引导青少年在轻松、愉快的氛围下进行学习，而且，在这种活动背景下，也可以使青少年群体通过主动参与，转变被动的学习状态，激发青少年对博物馆展品的研究兴趣。第三，积极配合学校教育，

构建特色化的展示活动。在博物馆活动中，为了满足青少年群体的活动需求，通过博物馆活动的创新，进行教育活动的整合，充分展现博物馆展品设计的价值。

（四）通过博物馆的辅助，进行青少年的全面指导

博物馆展品展示，作为教育重要的活动形式，可以满足展品创设的价值。通常情况下，在博物馆与青少年教育中，应该将博物馆展品展示作为核心，并做到：第一，基本的展品陈列需要满足青少年的需求。在传统博物馆展品展示中，存在着博物馆目标群众定位不准确的问题，导致青少年在博物馆参观时无法产生共鸣，影响青少年对博物馆的教育认识。因此，在博物馆产品展示中，应该通过文字内容的设计、文字的描述等满足青少年的心理需求，并结合展品的特点适当增加作品说明，使青少年群体在博物馆展品参与中感受到展品展示的艺术性，提高对展品参观的兴趣；第二，展品陈列设计需保持艺术性。陈列艺术设计中，相关人员应该结合造型艺术手段，将建筑、绘画以及雕塑艺术进行融合，及时将展品艺术融入展品之中，展现展品的设计内涵。而且，在展品手段构建中，应该将展示手段的创新作为重点，通过科技水平的不断提升丰富博物馆展品陈列艺术。例如，在三峡博物馆中，展品的设计融入了国内最先进、最特色的电影厅，通过屏幕播放，展现三峡的壮丽景观，青少年在这种博物馆展厅参与中可以激发参与兴趣，从而实现展品展示的艺术价值；第三，积极构建面向青少年观众的临时展厅及流动展厅。在博物馆展品创新中，相关管理人员应该结合青少年的心理特点、知识水平等状况进行专题展览活动的构建，并通过直观的图片、标本的展示等激发青少年的参与兴趣，为展品的展示以及青少年学习能力的提升提供支持。在一些直观性的展品展示中，通过动态化展示可以加深青少年对博物馆展品的认知，使青少年对展品有深入的理解，为博物馆与青少年教育融合提供支持；第四，在博物馆展品展示中，需要结合故事性、互动性的特点，激发青少年活动参与兴趣。博物馆在展品设计中，应该针对对青少年特点设计出适合青少年具有故事性、生动性的馆厅，激发青少年群体的兴趣，实现博物馆与青少年的有效互动。

（五）通过与学校的联合，发挥志愿者的引导作用

博物馆在青少年教育中，为了展现教育的价值性，应该与学校联合，充分发挥志愿者的引导职能，为博物馆展品活动的创新提供支持。博物馆在展品展示中，需要将青少年合理运用在文物讲解中，实现文物讲解的针对性，积极促进展示内容与青少年教育的融合。在青少年教育的过程中，通过博物馆与学校的联手，可以引导青少年结合课程内容，全面掌握自然科学以及人文科学的内容，避免学习中出现记忆盲点。博物馆应丰富博物馆馆藏以及展示环节，使青少年在多样化的教育活动中感受历史文化的内容，并激

发其对相关内容的学习兴趣。而且，在博物馆的教育活动中，需要针对青少年的特点定期与学校进行联合，定期举办青少年教育活动。博物馆在活动创新中，可以采用多渠道、多层次的模式，为青少年设计多样化的活动形式，激发青少年对活动的参与兴趣，同时让青少年感受到博物馆活动的创新性，拉近他们与博物馆之间的距离。博物馆在活动创新中，也应该充分发挥志愿者的职能，通过教育活动的丰富性开展，进行教育活动的创新。例如，在博物馆中，可以发挥青少年志愿者的引导性，通过征文活动、历史知识、演讲比赛等，吸引更多的青年群体参与到博物馆之中，积极发挥博物馆对青少年教育的职能性，促进博物馆教育的创新。

总而言之，在现阶段博物馆活动创设中，应该结合青少年的特点，发挥博物馆的教育职能，促进博物馆展品展示以及活动的创新。博物馆管理者应该掌握博物馆的基本特点，通过博物馆教育与青少年群体的融合，进行博物馆项目活动的创新，展现博物馆活动创新价值。博物馆在青少年教育中，需要通过博物馆参观流程的确定、博物馆展示环节的完善、展品的项目创新以及与学校的联手，进行博物馆与青少年教育的融合，激发青少年对博物馆活动的参与兴趣，为现代博物馆教育职能的展现以及教育模式的创新提供参考，实现博物馆文化内容的有效传承。

第四章　青少年教育的内容

第一节　中国精神视域下的青少年教育

弘扬中国精神，青少年是重要的接受群体。青少年时期作为人生发展的关键期，在这一阶段，青少年所表现出来的自我个性以及社会适应性，与其他成长期有着质的区别。故青少年不仅要理解和弘扬中国精神，更要在生活中意识到中国精神的存在。

一、青少年教育与弘扬中国精神的内在契合性

弘扬中国精神不是单纯通过理论说教来完成的，而是让更多人掌握和贯彻中国精神，并通过主观能动性，把巨大的精神财富转化为物质财富。

（一）青少年是中国精神教育的重要群体

两个原因可以解释青少年为什么是中国精神教育的重要对象。从社会的角度来看，个人成长的规律决定了青少年具有塑造性和发展性以及当下的不稳定性。在这一期间，重视中国精神教育也就不言而喻了。从心理特征来看，青少年时期是个体心理发展的特殊阶段，一方面，青少年对未知的世界富有幻想，有强烈的自尊心和好胜心；另一方面，受认知程度的限定，青少年对什么是主流的三观还很模糊，对待事情易偏激，情绪易波动。青少年在心理发展阶段容易表现出两极性，如果缺乏正确的引导，他们很容易走极端，甚至出现偏执的倾向。所以，在青少年中弘扬和培育中国精神，培养青少年作为社会中的人应具有的道德素质和政治觉悟具有重要意义。

（二）中国精神是青少年教育的重要手段

在多元文化价值观和社会转型期的影响下，社会的不良风气盛行，一些青少年没有公共意识以及不遵守公共秩序，更有甚者有些青少年认为报效祖国回报社会是成年人应该做的事情；当代的青少年大部分是独生子女，比较娇惯，对道德规范知之甚少，或者知而不行，严重缺乏独立和自律能力。这些青少年的自我意识和自我行为，不仅呈现着

一代人的社会责任感缺乏、勤俭自强意识淡薄等问题，更反映出我国悠久历史的文化传统和精神信仰在慢慢地流失和削弱。因此，青少年的教育离不开具有中华民族共同创造、共同依托、共同传承的中国精神。

二、青少年教育与弘扬中国精神相结合的现实困境

（一）中国精神的丰富性与青少年接受的渐进性

中国精神不仅仅是我们华夏儿女的精神财富，更是能够让炎黄子孙在神州大地上繁衍生息的物质财富。说起精神财富，大家并不陌生，包括对优秀传统文化的继承发展以及对西方优秀文明的吸收。在我们用智慧和汗水谱写历史篇章的进程中，也在不断地创造物质财富。从造纸术、指南针，到展现中国特色的宫殿建筑，以及代表不同领域的艺术形式，这些都是中国精神以实物形式的表现，同时，正是这些物质实物，更进一步促进了中国精神的发展、继承、创新。

根据接受理论，青少年的接受过程是循序渐进的，内化和外化实现统一，需要一个过程。故青少年对中国精神教育的接受，也是需要从自身情况出发，伴随着自我意识的发展变化，有针对性、选择性地吸收其中的精神，并将其内化为自我的一种价值观念。因此，青少年对中国精神教育的接受不可能是一蹴而就的，需要经历一个反复认识、不断深化的过程。

（二）中国精神的发展性与青少年汲取的中断性

由于认识的无限发展，社会的不断发展，人们实践的对象和内容在不更新，在实践的基础上所形成的时代精神也会不断变化。中国精神也是这样，其具体形态不是一成不变的，也会随着时代的发展具有时代的烙印。

在我国，青少年时期的跨度大，每个阶段的周期长，不同阶段青少年有着不同的特点。中国精神的宣传和教育，在每一阶段都很关键。但由于青少年身心发展的特点，对获取的知识体系缺乏一定的稳定性，受外界因素的影响，知识积累的过程容易发生中断。当下，由于制度的不完善，关注青少年中国精神教育的连续性，防止青少年中国精神吸取的中断性，也就显得尤为重要。

（三）中国精神的稳定性与青少年践行的消极性

中国精神的形成是对中国文化传统批判性地继承，从而汇集成中华民族内心深处积淀的民族品格和稳定的价值取向。

从实践的角度来看，我们首先应该意识到青少年群体是一个极其庞杂的群体，其生

活习性、教育背景、是非观念都有着巨大的差异。从外界的因素来看，社会价值观的多元化、网络媒体的负面影响以及独生子女政策带来的负面社会效应，林林总总的现象都会对青少年践行中国精神形成干扰。从内因来看，基于青少年的心理与生理的特点，以及外因的干扰，青少年也出现了一些政治信仰不够坚定的问题。这些因素都为青少年践行中国精神设置了障碍。因此，我们需要根据这些问题的原因及它们之间的联系，逐一采取相应的措施，为中国精神的弘扬寻找路径。

三、中国精神视域下青少年教育的策略

中国精神视域下的青少年教育是指为实现中国精神的基本内容而在教育内容、途径、方法等方面对青少年群体做出的一系列安排和计划。

（一）完善教育内容，将中国精神融入其中

弘扬中国精神，在具体的教育教学过程应该发挥德育的功能，对青少年进行“树理想之魂”的教育，引导青少年形成良好道德品质和行为习惯。大多数人在青少年阶段，都会学习政治课程。教师可以运用教材内容，引导处于初中阶段的青少年学生正确认知社会责任、诚实守信、自强自立等有关中华民族的传统美德和精神气质，并鼓励他们自觉践行。教师可以通过巧妙的教学设计，让青少年感受到中华文化的力量，培养青少年对优秀传统文化的认同感，尊重文化的多样性。在教材中，有关国家意识、文化认同以及公民人格等方面的内容更加丰富，学生在理性认知的基础上，自觉地把个人的进步和成才同国家的繁荣发展紧密地联系起来，为中国梦而努力奋斗。弘扬中国精神，首先要对中国精神有信念，教材有关国家经济体制和意识形态的内容有很多，在教师的指导下，让青少年树立道路自信、理论自信、制度自信，坚定中国特色社会主义的信念。

由于各种条件的限制，对于那些未能接受系统教育的青少年，为了确保弘扬中国精神的广度，我们可以借助大众传媒的力量，为中国精神的教育开辟新的渠道。

（二）健全保障机制，全方位管理和服务青少年教育

在青少年群体中，中国精神要发挥其应有的价值，更需要从物质、制度、法律等方面提供全方位的保障。

在全方位的保障中，物质保障要数重中之重。倡导中国精神的前提就是要有一支才高意广、革新立异的人才队伍，需要国家重视对教育的投入。我国当今实行的是九年义务教育制度，享有权利之后，也就意味一部分青少年将走向社会，但在他们之间继续弘扬中国精神的任务不会结束。这就需要我们不断地完善和发展与现实状况、与法律法规、与经济发展相适应的制度保障，形成良好的风气，使无论处于任何情况下的青少年都能

认同社会主流价值。没有制度建设，中国精神的延续将进退维谷。

弘扬中国精神需要法律法规的支撑，这两者需紧密地结合起来。一方面，对法律而言没有可以超越权威边界的人，可以说，任何人都会自觉地遵守法律和法规；另一方面，对法律法规的宣传教育，有助于增强青少年弘扬中国精神的自觉性，实现其对中国精神理解的深化。

（三）建立榜样激励措施，鼓励青少年践行中国精神

中国精神是随着实际生活的变化而不断完善进而发展的，在对青少年进行有关中国精神教育的过程中，应尽力做到贴近现实、贴近生活、贴近青少年，扎根到群众中去。我们把中国精神想要弘扬的意志与青少年所能看到的、听到的结合起来，就需要青少年投入到实践中去，切身感受中国精神的魅力。

青少年践行中国精神的自发性、主动性、缔造性，对弘扬中国精神有重要作用。可以用来实现弘扬中国精神的方法有很多，特别是多种形式的奖励方法，如口头或实物奖励（奖状、证书、荣誉称号及奖金等）。我们给予能够传递正能量的青少年表扬和奖励的同时，也正是在营造一种全社会践行中国精神的积极和谐的氛围，更是为同辈青少年及广大群众践行中国精神树立榜样。“近朱者赤、近墨者黑”，榜样的力量是无穷的，是伟大的。围绕中国精神的实践，在青少年中选好榜样，体现真善美，强调榜样的真实性、可接受性和感染性。通过真实、鲜活、有说服力的正面榜样对中国精神进行宣传。致力于实现青少年在学习榜样的同时进行主动的自我教育和强化，从而进一步加大中国精神的弘扬力度。

第二节　传统文化在青少年教育中的传承

当前传统文化在校园中的发展是一项十分必要的教育工作，借助校园教育工作的开展能对传统文化进行更有效的创新和传承，这对于广大青少年而言，不仅可以得到全面的发展，同时其个性也将得到有效的发挥。学校在发展中不管开展何种形式的教育和传统文化活动，都应该将青少年作为核心环节，从而在尊重学生发展特点和教育规律的前提下，更好地满足时代进步的要求，更好地传承与发展传统文化。

一、对传统文化的内容进行辩证分析，选择积极的精神特质

中华传统文化包含了很多方面的内容，但是最为核心的部分仍然是思想文化方面的

内容，主要体现的就是思维方式和价值观。而当前传统文化在校园中的发展，和学校文化营建工作的融合，则需要广大教学工作者的有效研究。

传统文化的覆盖面比较广泛，有效展现了中华文明的积淀和发展，在此环节中也存在很多优秀的传统文化内容。这些内容之所以是优秀的，最根本的就是这些内容存在某种特殊的精神特质。比如，艰苦奋斗、自强不息、追求真理等精神。这些精神理念在当前生活中仍然能发挥着十分重要的影响和作用，特别是对于正处于学习和发展中的青少年来说，开展传统文化的教育和传承也是一项有着重要意义的工作。

但是这并不意味着传统文化就都一定是好的，传统文化中也隐含着很多陈旧的理念或是精神，甚至还存在很多和现代科学技术发展不符的理念，这对于青少年的身心健康也将起到极大的负面影响。比如，在《二十四孝》中的一些价值观和做法，就现代社会的发展而言，就是比较陈旧的思想，不应该对其进行提倡。比如，其中提到“埋儿奉母”等的做法不仅违反了当前的法律制度，同时也违背了人性的要求。此外，当前很多学校都会给学生布置一个任务，比如，给父母洗一次脚，这种教育方式表面上是对青少年的教育，要求学生懂得感恩，理解和孝敬父母，但是实际上，很多学生并不能理解和接受这种做法，所以，最后也很难获得有效的教育成果。

所以，在此种背景下，教学工作者就需要针对不同年龄段学生的实际特点和学校自身发展方向，更为合理地选择传统文化进行教育和传承，只有这样才能在对学生进行有效教育的同时，更好地发展具备学校特点的教育方式。

二、教育工作中应该传承怎样的传统文化

传统文化中关于人的发展，应该从修身养性、为人处世上着手，在此环节中可以选择和开展一些积极的活动对学生进行引导，只有这样才能让学生正确认识优秀传统文化的重要价值。其实，学校教育工作要想顺利开展，还应该有来自社会各阶层的帮助，比如，家长的帮助。学生在学校中学习到传统文化，家长在家中也要适当引导和帮助学生，这样才能帮助优秀的传统文化更好地发挥作用。

（一）为青少年提供重要的精神动力和思想观念

中华传统文化的精神内涵其实就是民族精神，也就是在发展中应该不断继承和发扬爱国主义为核心的优秀精神。但是由于当前青少年的思想并不成熟，所以，其一旦遇到问题很容易走极端，而对学生进行优秀传统文化的教育，对学生在成长环节中养成正确的人生观、价值观和世界观都会起到十分重要的作用。

（二）帮助青少年塑造健康的道德人格

中国传统文化中对于道德中的倾向比较突出，要求礼让、仁爱、尊亲、团结等，这也都是未成年人在成长中不可缺少的优秀品质。

在传统文化中，追求崇高的品德理念，健全的道德人格，都是中国传统文化中的主要思想，也是众多思想家追求的共同方向。也就是说，在发展过程中不仅要积极地为他人着想，还应该具备一颗爱人如己的博大胸怀。

（三）引导青少年培养创新意识和实践能力

在人与人的社交或学习中，要求人也要具备一种自强不息的创造精神，就像古时候人们所推崇的愚公移山、夸父追日等神话故事都是这种积极理念、精神的一种重要体现。自强不息的精神，自古以来都是中华民族发展的基础，是中华民族几千年来不能忽视的一个重要精神理念。

创新也是中国传统文化发展中一项重要的核心理念。孔子说，“学而不思则罔，思而不学则殆。”也就是说在学习的过程中更需要积极思考和总结，只有这样才能不断发现问题，并解决问题。由于当前社会发展速度比较快，所以，只有勤于学习，不断创新和发展才能更好地跟上时代发展的脚步。

中华民族中优秀的传统文化是历史给我们后人留下的宝贵文化财富，不管是在过去还是在今后的发展中，这些优秀的文化都将是不可磨灭的精神财富。所以，在此环节中教师更需要发挥自身的引导作用，帮助学生更好地实现对传统文化的有效传承与发展，在传承中对学生的精神品格进行磨炼，只有这样青少年才能更好地得到发展和进步。总而言之，只有在尊重学生发展特点和教育规律的前提下，更好地满足时代进步的要求，更好地开展传统文化的传承与发展，才能确保传统文化对学生的积极作用。

第三节　移动互联网时代下的青少年教育

互联网促进了传统教育的变革，这种变革不仅突破时间、空间、场景等维度，更给教育的教、学、评、测等多个环节带来了深刻的影响。国家在宏观政策层面对在线教育予以高度重视，教育信息化政策的密集出台为在线教育带来长期利好。此外，网络购买习惯的养成和在线支付体系的完善也助推了在线教育行业的强势崛起。据 CNNIC 报告显示，截至 2017 年 6 月，我国在线教育用户达到 1.44 亿，网民使用率近两成，青少年在其中明显占据了主体地位。而随着移动互联网技术的快速发展、4G 网络的普及推广以及智能手机的广泛应用，移动教育正逐步成为在线教育的主流，教育类移动应用市场规模持续扩大。这一方面得益于智能手机具备便携性、功能多元化、高使用频率等特性；另一方面的原因则是知识更新迭代速度快，用户对碎片时间的利用更为重视。

一、移动教育的概述

被称为在线教育2.0阶段的移动教育契合了当前的时代特征和知识特性。在无线移动通信网络技术的支持下，学习者结合随身携带的无线移动通信终端设备（手机、掌上电脑PDA、上网本、平板电脑、笔记本电脑、智能本、智能可穿戴设备等）可随时随地获取学习信息、资源和服务。移动教育发挥和延伸了网络远程教育的优势，与传统PC端相比，移动教育所构建的人机交互学习场景更具个性化、互动性和趣味性，给学习者带来更为优质的学习内容和新型数字化学习模式体验。同时，移动教育符合终身教育理念，是传统学校课堂教育的有效补充，发展潜力巨大。

二、移动教育的优势

移动教育的优势：一是知识获取方式更为灵活和便捷。移动教育借助移动互联网和移动设备跨越地域、突破时空，不仅开辟了多元学习路径和创设互动学习环境，还扩展了正式和非正式学习体系，实现了随时随地随身的轻量化学习、碎片化学习和终身学习；二是内容多样范围广。移动教育囊括了学前启蒙、K12应试（指幼儿园到高中的基础教育）、高等教育、职业培训、语言学习、素质教育等领域，学习者可根据自身的实际需求进行选择学习；三是有利于促进教育均衡发展。移动教育可以扩大优质教育资源覆盖面，进一步平衡东西部教育、城乡教育的差距，并降低教育成本；四是能够实现个性化学习。移动教育平台可通过大数据挖掘技术，掌握用户个人属性、教育水平等情况，追踪分析用户需求和学习动机，推荐定制化的学习内容，进而实现个性化学习、自适应学习。

三、移动教育的主要应用

移动教育应用发展迅猛，已渗透学校、企业以及其他非正式的教育领域。相对而言，移动教育更多的实践和研究出现在基础教育校外学习和高等教育领域里。总体来看，目前，市场上最受欢迎的移动教育App是优质内容型产品（知识、资讯、B2C直播教学）和实用工具型产品（词典、题库、课程表、计算器等）。

（一）基础教育

基础教育，一般指中小学教育，欧美国家称为 K12 教育。基础教育是目前与移动互联网结合较为紧密，也是最为火爆的领域之一。易观智库 2017 年 2 月发布的数据显示，中小学类移动应用，排在前 4 名的分别是作业帮（占据市场 33% 的份额）、小猿搜题、一起作业和学霸君，它们均是题库类产品。此类 App 操作流程非常简单，用户使用移动设备对着题目拍照便可迅速获得相应的解析过程和考点答案；通过 App 也可以和同龄人交流讨论、分享趣事，还可以请教名师、精准练习等。此外，有些基础教育的移动互联网应用是基于家长的角度开发的，如中国电信推出的"翼校通"校园智能平台。"翼校通"通过移动客户端将学生、家长和教师互相连接，搭建实时沟通平台，并融入丰富的教学资源，让教师的教学更加轻松、高效，让家长的定向监控更加及时、准确，让学生的学习更具个性化、趣味化，有效形成家校合力、促进学生健康成长。

（二）语言学习

语言学习的需求十分广泛，婴幼童、学生与上班族都是潜在需求者。该学习领域因知识难度小（轻量）、知识间的联系相对不紧密（碎片）、更易实现结构化，而天然具有强移动属性。移动互联网的语言教育热门产品多为词典、口语练习等工具型产品，如网易有道词典 / 口语大师、金山词霸、百词斩、沪江开心词场、英语流利说、扇贝单词 / 口语、英语趣配音等。

（三）职业培训

职业培训 App 的受众大部分是有自主决策权、有自我提升需求的成年人，年龄基本上集中在 18~30 岁之间。因此，与家长决策为主导且有一定周期性的早教、K12 教育产品相比，职业培训 App 的开发更灵活，口碑主动传播效果更佳。其中，公务员、IT、会计等技能型产品较多，这与近年的热门求职领域相一致。例如，公职培训龙头华图教育打造的"砖题库"，是专业、智能、移动、互动的题库，为考生提供公务员考试、事业单位考试等公职考试的历年真题及在线模拟训练，可实现电脑和手机同步在线做题；而垂直互联网 IT 技能学习网站、慕课网 App，则是以独家视频教程、在线编程工具、学习计划、问答社区为核心，提供离线下载、课程讨论、笔记记录等特色功能。不可否认，这些职业培训 App 都较好地满足了职业人士碎片化学习与社会化学习的需求。

四、移动教育面临的主要问题和挑战

移动教育创造了跨时空的学习方式，知识获取渠道更趋灵活与多样，学生之间、师生之间、家校之间的沟通更加及时和畅通。然而，作为新生事物，移动教育也不可避免地面临着一些问题和挑战。

（一）移动教育产品

一是由于设备和网络的限制，费流量、网络不流畅等问题影响了用户的体验；二是移动教育的教学内容质量参差不齐，教学气氛不佳、互动性较差；三是移动教育产品普遍面临盈利窘境。教育类应用尽管在 App Store 上获得了大量用户，但很多用户依然对互联网免费模式存有惯性，用户付费购买 App 以及“免费增值”模式的消费习惯仍有待培养；四是教育类应用存在产品同质化的问题，一旦某个热门应用上线，立刻会有一大批后来者进行跟风模仿，导致难以规模化，教育应用的生命周期非常短；五是产品研发团队人员的背景配比问题。除了产品策划，UI 界面、程序开发、测试等技术人员之外，师资是关键，直接影响着产品的教学质量和品牌价值。

（二）移动教育用户

一是对移动设备用于学习的态度。移动设备集商务、娱乐等众多功能于一体，受固有观念的影响，家长对基于移动设备进行学习的形式态度上有所保留；二是学习的碎片化让学习者专注度下降，学习深度下降。海量信息的获取远超传统课堂习得，学习的广度大大增加。然而，学习时间、学习内容却严重碎片化，学习者对于唾手可得的大量碎片化知识和信息一目十行而不假思考或不进行深入思考，零散的知识点之间没有建立关联，更没有加工成有意义的知识网络，甚至养成网络依赖、抄袭等不良习惯；三是移动设备可以用来丰富学习内容。但同时，如果在学习过程中缺乏监管，青少年尤其是部分自主性差的在校学生，容易分散学习精力，做些与学习内容不相干的事情，如玩游戏、看小说等，甚至沉迷网络；而尚未形成足够道德判断能力的低龄学习者，在鱼龙混杂的互联网信息海洋中，心理健康也难以得到保障。更为严重的是网络的不良信息、网络犯罪、网络欺凌等也会给青少年带来负面影响；四是长期运用各种移动电子设备辅助学习，容易造成学习者视力降低等身心健康方面的问题，加上学生过度分享个人信息而引发对学生或者设备本身保密性的担忧；五是移动教育让学习者的学习方便快捷，但是他们与教师和同龄伙伴的现实交流越来越少，真正用多种感官去感受大自然的机会也屈指可数，创新力、艺术感，甚至儿童的天性有可能会被扼杀。

五、规范发展和合理应用移动教育的对策

（一）正确认识移动教育与传统教育的关系

在移动互联网时代，“教育”需要做到“不忘初心，方得始终”。“育人”才是教育

真正的目的和核心需求。传统教育经历了漫长的面对面课堂教育形式，已经形成了较为稳固的体系。在这个体系内部，既有学习者约定俗成会遵守的规矩，也有比较稳定的学习内容考核标准。虽然通信技术的提高不断催生出新的教育形式，但无论是第一代远程教育、广播电视教育、网络教育，还是如今移动教育的出现都未取代过往的教育形式，而是多种教育形式并存于当前的教育体系中，共同构成了多元化、多层次的教育生态。也就是说，尽管移动教育提供了丰富的教育资源、智能化的学习软件和便利的学习工具，但远未触及学习的核心环节，更无法替代现实的人际交往。因此，移动教育谈不上完全颠覆或重新解构传统教育，而更适合于辅助传统教育，充当“学习的粒子加速器”。

（二）规范移动教育行业的发展

一是促进移动硬件制造技术的发展。移动教育行业的发展与硬件息息相关。技术的进步不仅能够降低制造成本，使移动终端智能设备“飞入寻常百姓家”，还能够升级硬件，以运行更加复杂的应用，有利于移动教育向学习核心环节渗透。二是加大无线网络基础建设力度。既要加快 4G、5G 广域高速移动数据网络建设，也要加强局部移动接入 WiFi 热点建设，特别是扩大公共区域免费 WiFi 的覆盖范围。三是移动教育企业要制订有效的运营计划。主要包括强化内容结构和重组能力，深度融合线上和线下、现实与虚拟现实、PC 端和移动端，租用 IaaS 基础网络设施以及接入语音识别、图像识别等 PaaS 云服务以降低产品开发成本、突破产品形态和盈利模式的束缚等方面。此外，教育领域的创业团队既要有移动互联网背景的技术人员，也要有具备现代教育技术、熟悉教学设计的研发人员，以形成教育信息资源增值和滚动发展的良好循环。

（三）引导青少年用户合理应用移动教育

一是加强政府的宏观引导和调控，全面监管、消除网络产生的不良信息泛滥、网络犯罪等负面影响；二是作为主渠道、主阵地、主课堂的学校教育要承担起“授人以渔”的责任。第一，教师要转变观念，加强学习新的数字化技术手段，在教学内容、教学方法、教学流程上要把握时代脉搏，充分发挥“育人”的核心内涵。第二，让学生对移动媒介有基本认识并提高对媒介信息的接受能力、思辨能力以及使用能力。第三，通过在日常教学中融入网络安全知识、组织网络安全领域专家到校开设讲座、制定相关制度等途径，进一步增强学生网络安全意识，提升学生网络安全基本防护技能。第四，通过各种班级、校园活动加强现实人际情感交流，充分发挥传统教育的教师引导、集体熏陶和协同合作等作用；三是学校、家庭、社会要形成教育合力，共同处理好虚拟世界和现实世界的统一，及时关注、引导青少年线下行为；四是过度使用移动电子设备会给学业和身心带来伤害，可以借助管理软件或设置路由器权限来达到智能控制使用时间和频率的目的，以防止青少年沉迷网络。

第四节　电子游戏与博物馆青少年教育

博物馆对于正值世界观、价值观、历史观形成时期的青少年扮演了重要的教育者角色，但是青少年又存在着业余时间不常去博物馆的现实问题。一些著名的博物馆和有关专家对于如何培养青少年成为博物馆观众做出了有益探索。电子游戏是陪伴当今青少年成长且仍然还活跃在他们生活中的密切关联事物，从电子游戏与博物馆辅助教育相融的必要性和可行性分析入手，提出电子游戏融入辅助教育，优化游戏设计、拓展推广平台和建设博物馆教育联盟，不失为博物馆解决未来建设发展问题的一个方向。

一、问题的提出

青少年业余时间不常去博物馆是博物馆需要思考解决的一个现实问题。有的专家认为要干预这种现状，必须做出改变和努力；有的专家则认为观众培养一定要下移至青少年时期，甚至从儿童时期开始。为解决这一问题，有专家认为将文化权利作为公民福利，下调门票价格鼓励青少年参观博物馆可以提高青少年接触博物馆的频率；也有人认为要发挥博物馆的教育功能，开展“文博进课堂”“文博资料包”等活动。否则，博物馆未来将可能面临观众流失的问题。如何培养青少年观众，许多国家的博物馆进行了有益探索，如开发专门针对青少年的博物馆教育项目，向青少年提供博物馆暑期实习机会等。将电子游戏与博物馆相结合不失为一种有效的青少年教育途径，既创新了博物馆辅助教育的载体，又丰富了电子游戏内容，提升了游戏功能和价值。

二、必要性与可行性分析

电子游戏的常见定义是“对立各方根据参与规则而实施的身体或精神的竞争活动”。判断是否为游戏的主要指标有挑战性、好奇性、控制性和故事背景性。玩家类型可分为社交型、杀手型、目标型和探索者型。游戏风格大致分为行动型、策略型、组织管理型、机车刺激型、角色扮演型、运动型、冒险型等。电子游戏类型多种、玩法多样、受众多，其作为互动艺术形式的功能开始受到博物馆研究人员的关注。

（一）必要性

首先，青少年访问博物馆及获得相关知识的频率和范围有待提高和扩大。学校、家庭是青少年访问博物馆的主要组织者，但是访问博物馆这一行为并不容易建构起来并成为常态。一方面学校和家长带领学生去博物馆是顺应素质教育的要求，但又基于安全、时间有限等因素的考虑不愿意花费更多的时间，除非有博物馆展品稀缺、主题新颖等外界因素刺激才会有所改观；另一方面，青少年对于博物馆以往传统的展陈方式、讲解介绍的兴趣有限，因而自身的需求激发也颇为不足。

其次，博物馆本身的角色有必要实现转化。博物馆须从重视展品展览转变为重视观众体验，从公共服务思维转向市场管理思维。为此，博物馆应采用青少年更乐于接受的教育形式，逐渐培育博物馆受众，实现辅助教育的目的。同时，博物馆工作人员要警惕过去的成人化思路，认为玩游戏可能导致玩物丧志而否定游戏的价值，难以接受新生事物的创新应用。

最后，博物馆目标受众发生变化而游戏深受年轻人青睐的客观现实不容忽视。一部电影能否获得好票房，需要看观众认可与否，尊重受众是开发市场的第一原则。游戏正是青少年乐于接受的游乐形式。用青少年感兴趣的东西去主动吸引他们的注意力和兴趣，替代被动等待青少年成人后回归博物馆，是基于现实问题做出的积极响应。

（二）可行性

一是电子游戏的正面价值受到博物馆认同。作为一种流行的互动艺术形式，游戏的正面价值已引起了博物馆研究人员的关注。部分世界知名博物馆开始将游戏应用于博物馆教育方面，如大都会艺术博物馆、大英博物馆等，赋予游戏一个严肃的目的——教育目的，称它为严肃游戏（Serious Game）。

二是“互联网 +”是各行各业融合创新的方向。互联网极大地改变了世界，改变了人们获取信息和学习的方式。得益于此，大英博物馆、英国国家美术馆、大都会艺术博物馆、故宫博物院等世界大型博物馆都打破空间局限，人们不仅可以在博物馆的官方主页进行学习，而且还能在苹果 App Store 等平台上获得文博资源 App，人们可通过这些 APP 进行远程访问，近距离虚拟欣赏，自主决定学习内容和学习的深度广度，甚至组建学习团队和组织竞赛活动等。教育学专家称之为非正式学习（Informal Learning），这是可伴随人们终身学习的有效方式。

第五节　“红色二七”的传承与青少年教育

中华民族从五千年悠久文明的传承中走出来，具有丰厚的历史文化底蕴。党的十八大以来，以习近平同志为核心的党中央高度重视青少年和共青团工作，习近平总书记围绕青少年和共青团工作发表的一系列重要论述，立意高远、内涵丰富、思想深刻，深刻论述了新形势下青少年和共青团工作的重大理论和实践问题，指明了当代青年的历史使命和成长道路，具有十分重要的指导意义。博物馆、纪念馆的宣教功能逐渐凸显，特别是纪念馆的红色革命宣教工作。纪念馆的重要职能是宣传教育，尤其是针对青少年方面的精神教育。如何面向青少年开展工作，如何吸引青少年去探索更深精神层面的文化知识？成为业内各界人士讨论的热门话题。笔者在文博单位工作多年，今就所闻所见所思，探讨一下纪念馆对青少年的教育问题。

一、两者关系

青少年是民族的希望。我国历来重视教育，国家对教育的政策导向和资金投入，都做出了很大倾斜，现在每个公民都拥有了受教育的权利，全民族文化思想素质大大提高。青少年不仅受到了系统的社会科学知识教育，具备丰富的理论知识，而且受到思想道德意识教育，具备一定的人生观、道德观、价值观。目前，郑州二七纪念馆作为收藏、研究、展示郑州“二七”红色历史和郑州近现代发展史的重要场所、全国青少年红色教育基地，其社会教育职能越来越重要，已经成为弘扬民族文化、普及近现代历史知识的重要阵地。馆内大量郑州历史沿革的革命文物展品全面而又生动形象地“讲述”着郑州在近现代史上的惊人壮举和惨烈的过往，以无与伦比的直观性、生动性、形象性、感染性吸引着各界纷纷前来参观学习。对于青少年来讲，纪念馆的文化宣传是学校教育不可取代的另一重要课堂。所以，人们形象地称呼革命纪念馆为学生的“红色课堂”。可见，纪念馆与青少年是密切相连的，是青少年生动的精神课堂。

二、存在的问题

（一）需要加强基础建设，否则会对青少年失去吸引力

20 世纪，纪念馆在某种程度上还在青少年心目中存在一定地位，青少年上学校、去图书馆、进纪念馆成为他们完备知识、认识世界的重要方式。但如今，情况已完全不同了，当今的社会，科技高度发展，电视、电脑已经普及，青少年知识摄取、兴趣培养的渠道更加多样化，具有较强的时代特征。第一，互联网时代。在学校教育和家庭学习中，网络的作用日益加强，互联网成为青少年获得知识、休闲娱乐的重要载体；第二，读图时代。图画以其直观、快捷和审美愉悦的特点，越来越受到青少年欢迎，成为他们学习和消遣的新兴方式。正是由于社会已经发生了巨大的变化，所以在有些地方，青少年已

不热衷于参观博物馆、纪念馆，其文化阵地地位已经出现让位的迹象。

（二）加强互动，增加学校和家庭对纪念馆的热情

文化部曾下文，要求全国博物馆、纪念馆要对未成年人参观实行免票开放。这个政策对于吸引青少年走进纪念馆，全面提高青少年思想文化素质，确实意义深远。但是，笔者仔细观察却发现，这个举措并没有吸引大量青少年来参观，为什么呢？第一，缺乏沟通，学校和家长对纪念馆了解不足、宣传不够，以至于互不了解；第二，缺乏配合，学校和家长因安全因素而放弃纪念馆。虽然我们纪念馆多方面都考虑到了，但是如何让青少年方便安全往返、如何保证他们在纪念馆平安无事，这可是学校和家长最关心的事，也是最大的事。为了避免万一，学校以不组织学生外出参观为妙。如此这般，纪念馆就被冷落了。怎么办？

三、解决途径

（一）加强博物馆建设，发挥先进文化的凝聚力

作为先进文化的生动载体，纪念馆建设要持之以恒，倾注心血去一步步实施。郑州二七纪念馆自 1971 年建成以来，历经几十年的风风雨雨，已经跟不上时代的发展。作为郑州地标性建筑的二七纪念塔，进行全面改造就显得更加重要。前几年，二七纪念塔完成了历时两年的最全面的一次修缮工程，于 2012 年 7 月 1 日重新开放。修缮提升后的郑州二七纪念塔，无论在陈展手段、内容、形式和服务上都有了新的变化。通过声、光、电高科技展览手段和多媒体互动等形式，使展览呈现出动与静的结合、人与物的交融、声音与情景的贯穿，使展览更加生动直观，服务更加贴切，给每一位参观者都留下深刻的印象；同时为更好地发挥爱国主义教育基地的职能作用奠定了良好的基础。2019 年，利用全国重点文物保护单位——郑州二七纪念堂的南配楼作为展厅的“百年郑州”展览，声、光、电、互动投影齐上阵，用生动的展示手法，从 20 世纪初的京汉铁路修建通车开始一一叙述郑州百年的巨变。以火车唤醒的文明古都、古都新生的历程、新兴工业城市的崛起、新时代商都的腾飞四个板块，展览讲述了郑州因铁路和火车而唤醒；“二七名城”“商贸城”“交通枢纽”“航空港”等的由来和城市巨变；记述百年商号、民俗民风、衣食住行等百姓生活和它背后鲜活的小故事，等等，吸引了大批市民前来参观，甚至展览预约电话被打爆，大大地激发了参观者爱国、爱家的情怀，增进了人们对郑州市的了解。

（二）积极主动工作，成就社会教育大课堂

纪念馆要让学校和家长非常乐意而又放心地让青少年到纪念馆来参观学习，应做到

以下几个方面：第一，设身处地，互动互补。要想青少年所想，从他们的年龄特征、个性爱好、兴趣追求上分析，考虑如何在展览形式、陈列内容、活动方案上重视青少年的感受。同时，要与学校教育同步，找到共同点和互补性，让学生来到纪念馆，确实有收获，让学生觉得参观纪念馆能够弥补学校教育的不足。让纪念馆与学校两者相得益彰，不可或缺。第二，有的放矢，活动多样。青少年来到纪念馆参观学习，如学校组织的少先队员入队仪式等，针对性很强，纪念馆要充分准备，积极配合学校进行教育。在对青少年进行讲解时，要采取他们喜闻乐见的方式，有别于严肃的课堂，生动、风趣、活泼、互动，体现纪念馆的形象。二七纪念馆的工作者特别重视这种集体参观活动，因为它影响大、辐射面广，所以，沟通特别重要。要及时搜索反馈信息，方知优与劣、成功与不足，才能为下次活动积累经验。第三，安全周密，万无一失。青少年好奇、好动，富于冒险性、探索性。这是他们的优点，也是弱点。鉴于此，我们首先应加强安全防护工作，确保游人游览安全舒适；其次，注重细节，健全服务设施，对老弱病残群体配套相应服务设施；最后，对大型集体活动，预先有完备的计划方案，尤其是应急预案，与公安、交通、医疗等相关部门配合，把不安定、不安全因素降到零。

从以上分析，我们不难看出纪念馆在青少年教育中存在的问题，但是只要对症下药、锐意创新，纪念馆这座宝库一定会散发出令人瞩目的光芒，成为青少年素质教育的良师益友，创造出对青少年教育的最佳境界。

第六节　闲散青少年教育帮扶途径

所谓闲散青少年，是指法定入学年龄，但不在学、无职业的16~25周岁的青少年。社会闲散青少年容易受到外界不良因素的诱惑，是青少年违法犯罪的高发群体。加强对青少年闲散状态诱发因素研究，探索服务管理工作路径，既是引导他们健康成长的需要，又是维护社会稳定、促进社会和谐的必然要求。

一、闲散青少年的现状和特点

文化程度偏低，安排就业难度大。他们大多数有学业失败的经历，文化程度普遍偏低，文盲、小学和初中水平的占97%。他们过早离开学校，进入社会。闲散青少年的教育程度决定了他们缺乏必要的专业技能，竞争意识不强，劳动技能单一，加之择业期望值过高，又怕吃苦，因此，就业安排难度比较大。

性格缺陷，心理适应性比较差，自控能力偏弱。部分青少年懒惰闲散成性，受不了约束；他们重情感，讲义气，情绪极不稳定，变化多端；奉行利己、利禄的人生观和价值观，目无法纪，狂妄自大；缺乏生活的信心和奋斗目标，不自爱自重；喜欢游离于正规化集体之外，容易产生避世情绪，易受社会上不良分子的诱惑和拉拢。

生活方式消极，无所事事。他们平时生活以享受型娱乐为主，经常出入网吧、歌舞厅、录像厅、台球房、赌博场所等，相互影响，易引起团伙犯罪。

缺乏主流价值认同，容易对主流社会产生对抗情绪，滋生犯罪行为。许多闲散青少年有不良记录或犯罪前科，尽管其犯罪多表现为打架斗殴、小偷小摸、盗窃、抢劫等治安犯罪，但如不加以管理，就有可能发展成刑事犯罪。

二、闲散青少年问题成因

家庭教育不当及缺失。家庭状况不正常，存在包括离婚、再婚、丧偶、无业、待业、下岗等状况在内的不稳定因素，出现家中子女生活自理、无人管教现象。他们在生活中缺少关爱，没有青年应有的快乐和健康的生活习惯。家庭教育方式不当。有些父母忙于挣钱，或者常年在外，无力监管、教育子女，对子女放任自流；有些父母文化水平比较低，不懂得科学教育方法，教育方式简单粗暴，造成孩子抵触情绪；有些家长拘泥于传统管教方式，对子女溺爱或过于严厉，使子女感受不到家庭的归属感与温馨感。

学校教育价值观的倾斜，忽视了对大多数学困生的教育与管理。学校教育体制不完善。在应试教育观念下，教师只重视少数尖子生，精力主要用在有培养前途的学生身上，往往忽视了对学困生的教育管理。这样，不少学生自认为前途无望，进而自暴自弃、放弃就学，流散于社会。学校管理问题。学校对于青少年在成长和生活方面的关怀指导比较少，部分学校不重视思想道德和法制教育，使一些青少年缺乏道德意识和法律观念，辨别是非和抵制不良影响的能力差，因而容易误入歧途，堕入犯罪深渊。

社会文化的核心价值缺失及社会组织控制弱化。社会不良风气的影响。娱乐场所良莠不齐，有关部门打击不力。闲散青少年经常出入游戏厅、网吧和歌舞厅。不少游戏厅带有赌博的性质，游戏内容充斥着暴力与色情，加上一些大众传媒对青少年价值观的错误引导，潜移默化地对青少年的行为和生活方式产生了消极的影响，使他们的行为失去准则，导致各种违法犯罪行为的发生。有关部门不重视闲散青少年问题，对闲散青少年缺乏有效的管理途径。

三、闲散青少年教育帮扶途径

形成三方联动机制，改变其“失学”的闲散状态。学校要加强管理。坚持依法治教，大力宣传新《中华人民共和国义务教育法》《中华人民共和国未成年人保护法》等教育法律法规。积极进行教学改革，加强教师队伍建设，任何学校和教师不得歧视、侮辱、体罚和变相体罚学生，更不得以任何理由劝其离校。高度重视流动人口子女和“留守儿童”的义务教育工作，建立留守儿童档案，建立关爱帮扶制度。各职能部门救助。建立和落实城镇“低保”家庭学生入学资助制度，建立鼓励社会各界对义务教育捐赠的优惠制度，建立进城务工农民的子女就学的有关制度。进一步强化学籍管理，规范学生转进、转出和休学等学籍管理程序。按照“属地管理”原则，由街道综治委预防青少年违法犯罪工作领导小组牵头，公安、民政、教育、共青团等部门密切配合，开展调查摸底，全面掌握闲散青少年的基本情况，建立动态管理数据系统，为开展闲散青少年的服务管理和预防犯罪工作提供翔实的基础资料。要把好家长关口。利用家访、给家长一封信等形式对家长进行教育，加大宣传力度，帮助家长树立正确的思想观念。家长的思想做通了，闲散青少年失学的情况会大大减少。

形成就业服务合力，改变其“失业”的闲散状态。劳动部门要多创造就业机会，与闲散青少年群体之间建立起畅通的就业信息沟通机制。对失业闲散青少年进行登记，提供就业援助；对闲散青少年进行公益性职业技能培训、就业创业信息咨询等免费服务，为其就业上岗创造条件；鼓励闲散青少年创业致富，为那些有一技之长而没有资金基础的闲散青少年提供小额贷款，提供创业的启动资金。督促企业依法与其签订劳动合同，规范用工秩序，不得以清理城市劳动用工为借口，辞退闲散青少年。加大阵地建设力度，通过开展学业辅导、亲情陪伴等志愿服务活动，弥补留守学生家庭教育和亲情关爱的缺失，帮助其健康成长。加强对 14~18 周岁不良行为青少年尤其是严重不良行为青少年的摸底排查工作，建立健全档案台账，深入分析演化过程和控制方式，有针对性地开展心理疏导、法律援助等预防教育工作，不断增强帮教实效。加强对新生代农民工帮助服务工作。重点在就业指导、技能培训、职业生涯规划、法律救济等方面提供帮助，为新生代农民工进一步融入城市创造宽松环境。

构建社会化和专业化服务体系，改变其“失管”的闲散状态。加大社会化运作力度。一方面，可以通过建立党政主导、综治牵头、部门负责、社会参与的闲散青少年群体的服务管理机制，明确各部门职责，强化社会闲散青少年工作的总体规划，整合各方资源，相互配合、优势互补，逐步建立新型社会闲散青少年工作体系；另一方面，政府应积极吸纳社会资金、鼓励和支持社会力量兴办青少年校外活动场所。开展活动活跃闲散青少年生活，培养闲散青少年自我教育、自我管理的能力。采取政府向专业社团购买公共服务的机制，通过培育专业社团、整合社会力量、组建专职社工队伍，积极探索组建以教育、联系、服务社会闲散青少年为主要工作职责的社团组织，实现对社区闲散青少年的有效覆盖和管理，加大帮扶工作力度。一方面，打造帮扶队伍。选取公道正派、热心公益、能力强的同志加入，在区、街道、社区三级配齐配强帮扶队伍，进一步延伸调解工作触角。同时，健全培训制度，注重加强网格化技能培训，增强网格化管理能力；另一方面，加强和帮扶对象联系。将工作对象分为接触对象、服务对象和个案对象。对于接触对象，利用网络、热线电话、现场走访等方式开展访谈；对于服务对象，分为需救济、扶持、引导、干预四种类型进行分类帮扶，强调针对性；对于个案对象，组织社工、心理咨询师等开展一对一心理辅导，提升其融入社会的能力和信心，强调实效性。提供专项经费支持。闲散青少年的排查摸底、走访、教育、管理等各项工作的开展，需要花费大量的人力、财力和物力，有一定的经费支持，才能确保取得实效。因此，政府应重视闲散青少年服务管理工作，财政部门划拨专项资金，为加强闲散青少年的服务管理、教育帮扶、技能培训等工作提供持续有效的经费保障。加强检查督导。各街道、各有关部门要切实加强对闲散等重点青少年群体教育管理和服务工作的指导，深入基层，广泛动员，注意发现、总结和推广基层的有益经验和做法。针对工作中发现的问题和薄弱环节，要及时研究落实相关措施，努力解决实际困难。要进一步加强督促检查，防止形式主义。

闲散青少年的教育帮扶工作是一项长期性、艰巨性和复杂性的系统工程。需要全社会共同努力，不断净化社会风气，创造积极健康的社会环境，把闲散青少年的思想引到积极向上的轨道上来，促其实现自我发展，并最终为整个社会的稳定和可持续发展做出贡献。

第七节　青少年教育的新理念、新思想

习近平总书记在党的十九大报告中指出，建设教育强国是中华民族伟大复兴的基础工程，旗帜鲜明地提出要把“优先发展教育事业”作为“提高保障和改善民生水平，加强和创新社会治理”的首要举措。青少年教育是教育事业的重中之重，为了实现“两个一百年”奋斗目标，青少年教育在新时代的中国特色社会主义教育事业中焕发出新的活力。

一、确立青少年教育内涵的新理念

党的十八大以来，我国发展站到了新的历史起点上，中国特色社会主义进入了新的发展阶段，习近平同志明确指出：新形势下青少年教育内容的重大指向，即当代青年要树立与这个时代主题同心同向的理想信念，自觉把个人理想与追求融入国家和民族的事业中。

注重树立和践行社会主义核心价值观是新时代中国特色社会主义阶段青少年教育的新特征。青少年大多处于求学阶段，作为人一生思想极为纯洁的时期，对学生进行道德教育，帮其建立起正确的道德意识、道德理解、道德判断及道德品质，可以达到事半功倍的效果。教育工作中，人们要科学地看待和传承传统道德教育，坚持社会主流价值观的教育引导，树立科学的学生主体观与教师主导观，注重隐性资源的发掘，构建道德教育合力网，探索多样化的教育方式，加强道德评价标准的建设。社会各界要从学生、家庭、学校和社会合作角度出发，加强家庭、社区以及其他社会机构的互动，开发以培养社会主义核心价值观为中心的全方位的教育模式，建立有效的道德教育评价体系，从中华民族优秀的传统文化中汲取营养，营造良好的校园德育氛围。

二、提出青少年教育内容的新思想

建设法治社会的关键，是公民的法治教育。党的十八大以来，以习近平同志为核心的党中央高度重视青少年教育事业，关注青少年的身体素质、关心青少年的心理健康、关怀青少年的全面发展，注重培养青少年的法治观念，开展法治教育。人类社会从工业时代进入了信息时代，信息技术正从根本上改变我们的社会经济生活。面对纷繁复杂的国际形势、“互联网 +”时代的深化改革，青少年要接受良好的法治教育、培养良好的信息素养，才能用好互联网这把双刃剑，从而实现中华民族伟大复兴的中国梦。

据中国互联网协会发布的《中国互联网发展报告 2019》，截至 2019 年 6 月，中国网民规模达 8.54 亿人，互联网普及率达 61.2%，在线教育用户规模达 2.32 亿人。大数据时代已经来临，互联网颠覆了传统教育模式，越来越多的教育资源与信息被分享出来，人们依托互联网开始了大规模的协作分工，传统的青少年教育面临全新的机遇与挑战。网络教育的特点是信息量大，信息交换具有时域性、匿名性、成本低、个性化、广泛性、便捷性、平等性、互动性、娱乐性、个性化等。互联网时代的教育的具体形式有各种网络公开课、慕课、微课、在线教育平台、网络直播课、网络论坛、手机终端教育 App 等，收到了巨大的教育效果。人们所熟知的学习强国、灯塔在线、各教育部门的官微、中国安全教育平台、中国 MOOC 等，正在发挥着越来越大的教育作用。这对边远山区的青少年来说，是个福音，是信息时代的巨大馈赠。我们在享受互联网带来的巨大红利时，还要注意互联网上的知识感性化、碎片化，各种海量信息鱼龙混杂、真假莫辨。对于价值观尚未定型、知识匮乏、辨别能力低的青少年来说，网络就像是一个波澜壮阔的大海，遵循其规律可以扬帆远航到达幸福的彼岸，若丧失航向则可能沉迷于其中无法自拔。这就要求教育研究者在“互联网 +”背景下开展青少年教育研究，在研究范式上进行转变与创新，如培育大数据思维方式，构建教育研究数据共享平台，提高研究计算机与网络的智能化程度，将量化与质化研究相结合，并与神经科学、文化人类学、计算机科学等其他学科合作进行跨学科交叉研究。同时，研究者要清醒地认识到，大数据教育研究也蕴含一定风险，研究人员应对此高度重视，并采取有效措施进行预防。

三、创新青少年教育工作的新战略

习近平同志谙熟青少年的生存现状，从宏观到微观深入剖析了各种各样的特殊群体，从谁来做到怎么做都提出可操作性对策，为新时代青少年教育做好了顶层设计。这点从 2017 年教育部等十一部门联合印发的《加强中小学生欺凌综合治理方案》(以下简称《方案》)就可见一斑。

《方案》以习近平新时代中国特色社会主义思想为指导，在理论层次上具有全局性、科学性、发展性，具有坚实的理论基础。在《方案》的基本原则中，提出“坚持教育为先、坚持预防为主”，采取预防与教育相结合的原则，从广泛的教育宣传、净化学校及周边治安环境等入手，突出了预防的作用，既符合教育规律，又能够用最小的成本得到最大的收益，是执政智慧、进行科学社会治理的具体体现。此外，以往社会各界大多重视对欺凌者的声讨、指责，而被欺凌者往往是被遗忘的群体，他们承受着巨大的身体伤害与精神痛苦，其严重性、长期性不容忽视。本方案中提出“坚持保护为要”的原则，强调了中小学生欺凌中对象的特殊性，国家本着保护性的原则，还着重提出了对被欺凌学生的保护性措施，是一种进步。《方案》按照全面依法治国的要求，提出了以“坚持法治为基”的原则，使我国的法治建设向纵深发展，内涵更加丰富，外延更加宽广，切实提高了我国的法治化水平。

四、对问题青少年教育高等人才培养的启示

习近平同志关于青少年教育的新理念、新思想、新战略为问题青少年教育的理论研究与实践工作指明了前进方向。

新时代问题青少年教育矫正管理高等教育培养目标的新理念——培养人民需要的人才。随着新一轮科技革命和产业变革的孕育兴起，人才竞争已经成为各国综合国力竞争的核心。高校作为人才培养的主阵地，提高人才培养质量成为我国现阶段高等教育改革发展的核心任务。实现高等教育内涵式发展是党的十九大提出的改革目标，其实质就是高等教育质量、规模、结构和效益的和谐发展，是使外延的扩展与内涵的丰富相互促进的发展。实现高等教育内涵式发展，主要通过深入改革、激发活力、增强实力、提高竞争力，实现高等教育内涵式发展不仅要提高人才培养质量，而且要提高科学研究质量和社会服务质量。

当前，我国社会出现了不少享乐主义、拜金主义、功利主义等不良现象，与此同时，“家庭教育功能缺失、学校教育价值取向错位和社会不良文化传染等原因，导致一些正常青少年演变为问题青少年”。问题青少年是指心理失衡、道德失范、行为失当的12 ~ 25岁特殊群体，其中不少人甚至因触犯法律而受到了法律制裁。问题青少年现象成为不和谐的音符出现在实现“中国梦”的画卷上，亟待解决。面对这一现象，党和人民对道德和道德教育有了更高的呼唤，需要问题青少年教育矫正与管理专业人才的介入。但是目前该领域的教育培养力度不够、人才数量少，满足不了社会需求。为了实现“两个一百年”奋斗目标，促使问题青少年教育在新时代的中国特色社会主义教育事业中焕发出新的活力，需要探索问题青少年教育矫正管理人才培养模式创新之路。面对问题青少年群体严峻的现状，问题青少年教育矫正管理高等教育的培养目标就是培养人民需要的人才，从教育学、心理学、社会学、法学等多个学科视角出发，全方位、立体式地对该群体展开研究，并提出综合性的治理方案。

新时代问题青少年教育矫正管理高等教育工作的新战略——教育公平走向纵深。新时代中国特色社会主义高等教育思想的核心是坚持教育公平、提高教育质量，这已经成为中国高等教育政策的基本价值观。在这种价值观的指引下，中国高等教育发展进入快车道，为中国特色社会主义事业提供了源源不断的人才保障。不可忽视的是，当前我国高等教育的研究对象主要集中在普通青少年群体中，对其身心发展规律研究深入、细致，但是对于“小众”化的群体重视程度不够，如校园欺凌者群体、问题青少年群体等。这些群体对他人、社会造成了危害，但是他们本身也是家庭、学校、社会教育不力的受害者，他们属于特殊需要人群，更需要社会的关注与帮助。公平的教育应当是全面的、普遍的、惠及全体的教育，高等教育研究应当在研究“大多数人”的同时关注“少数人”，做到追逐人生出彩机会的时候“一个都不能少”。这与20世纪90年代兴起的全纳教育思潮有着内在的契合性。

现阶段，我国在普及义务教育、大力发展高等教育、创建“双一流”大学的同时，需要重视这些需要家长、学校、社会“温柔以待”的特殊群体。这是高等教育走向深度公平的体现。我们应当顺应国家“加强和创新社会治理”的重大战略需求，加大人才培养力度，开创问题青少年教育人才培养的新局面。

第五章　青少年心理健康教育研究

第一节　青少年心理健康教育的新视角

主观生活质量指的是个人对重要的需求、目标、愿望在多大程度上获得实现的主观评估。主观生活质量可以是对整个生活领域的全面质量评估，也可以是对某一特定生活领域的质量评估。研究证实，青少年主观生活质量与个体自身人格特质和认知因素有关，同时一些外在的环境因素也会对主观生活质量产生一定影响。主观生活质量的相关研究给予学校心理健康教育工作很多启示，不断促进青少年主观生活质量的提高也成为学校心理和教育工作者的工作目标之一。

在过去很长一段时间里，学校心理和教育工作者把工作重点放在对学生心理问题与疾病的事后干预与治疗上，然而对青少年积极行为的研究显示，只关注心理问题的事后干预的做法对学生日后的健康发展是很不利的。积极心理学认为更有效的做法是，在心理问题发生和发展之前先行培养学生自身的积极力量，这种力量能使人更好地适应多变的环境并可降低心理疾病的发生概率，也可以改善学生的学习表现，其中主观生活质量正属于我们要努力发展的这类心理力量之一。对儿童与青少年心理健康的调查研究表明，青少年的主观生活质量与他们的不良行为之间呈显著负相关，青少年低水平的主观生活质量与物质滥用、暴力行为之间存在一定的关系，初中生主观生活质量能显著影响学生的学习成绩，儿童主观生活质量与心理健康水平呈显著正相关。可见，学校在对学生进行心理健康教育时有必要关注学生的主观生活质量。

一、概念的提出

关于生活质量的早期研究非常强调生活的各项客观指标，如收入水平、健康水平、受教育水平、消费水平等，而现在研究者日益关注生活质量的各种主观指标。有观点认为，生活质量是“源于一个人对自己整体生活的当前体验而产生的主观的幸福感受”。Frisch 给主观生活质量如此定义，“A person’s subjective evaluation of the degree to which his or her most important needs, goals, and wishes have been fulfilled."（主观生活质量指的是个人对重要的需求、目标、愿望实现程度的主观评估）。主观生活质量可以是对各个生活领域的全面评估，也可以是对某一特定生活领域的评估。不难看出，主观生活质量强调的是个人的主观体验和评价，与个人的认知密切相关。

二、青少年主观生活质量的相关因素研究

当前研究者对成人的主观生活质量的研究成果丰富，对于青少年的主观生活质量的研究数量和程度远不及对成人的研究，查阅已有的文献资料可把关于青少年的主观生活质量的相关因素大致分为两类：内部因素和外部因素。

（一）内部因素

青少年主观生活质量的相关研究显示，性别、年龄和社会经济地位不会显著影响青少年主观生活质量，而青少年自身的人格特征与他们的主观生活质量有着显著相关。Hubner 研究发现，与 3 ~ 13 岁儿童的主观生活质量关系最密切的是儿童的自尊感、内在控制感和外倾性。Fogle、Huebner 和 Laughlin 的研究发现，青少年的焦虑特质、神经质倾向等气质特征与主观生活质量水平呈现显著负相关。王胜兴、徐海波和李好兰对少年儿童社交焦虑水平与主观生活质量的相关性研究发现，社交焦虑少年儿童的主观生活质量较差。杨颖、鲁小周和罗思亮对留守儿童的研究证实，学业成绩对留守儿童的主观生活质量有显著影响。

同时也有部分研究者试图探索与青少年主观生活质量相关的认知因素，其中，Ash 和 Huebner 发现青少年的归因方式是消极事件作用于主观生活质量的中介因素，具体来说，青少年在生活中经常经历消极事件会使其对生活的控制感减弱，倾向于将生活事件进行外控归因，进而主观生活质量也随之下降。Fogle、Huebner 和 Laughlin 对气质和青少年主观生活质量关系的研究表明，中小学生体验到的自我社会效能感在外倾性与主观生活质量中起到中介作用。

（二）外部因素

越来越多的研究证实，居住环境、背景文化、生活事件等因素与儿童主观生活质量相关显著。例如，Homel 和 Burns 的早期研究发现，住在住宅区的儿童比临商业区或工业区居住的儿童的主观生活质量稍高。Sam 开展的一项针对背景文化结构影响主观生活质量的研究显示，生活于单一民族环境中的青少年比生活于多民族杂居环境中的青少年体验到更多的幸福感。另外，Ash 和 Huebner 的研究表明，青少年的主观生活质量与其生活中积极和消极事件的出现频率相关。Fogle、Huebner 和 Laughlin 进一步指出，生

活中的积极事件相较于生活中的消极事件能更大地影响青少年的主观生活质量。

家庭因素，如家庭教养方式、来自父母的支持、父母的婚姻状态、父母关系等，都能影响青少年的主观生活质量。Huebner 的研究表明尽管良好的同伴关系与青少年主观生活质量呈显著相关，但他们的主观生活质量与亲子关系的相关程度更高。Dew 与 Huebner 也发现，父母间的关系比他们自己的外貌和他们对学业的自我评价更能影响他们的主观生活质量。Leung 和 Leung 的跨文化研究进一步证实了亲子关系对青少年主观生活质量的影响力。周琴、刘晓瑛和宋媛对苏州市某社区 8 ~ 10 岁外来儿童主观生活质量及其影响因素的调查发现，外来儿童的家庭关系对其主观生活质量影响较大。胡华、张波和陈云华在研究儿童主观生活质量的影响因素时发现，家庭关系对儿童主观生活质量影响较大。

青少年的主观生活质量也与他们的校园经历相关。如 Huebner、Funk 和 Gilman 发现，青少年低水平的主观生活质量与他们对学校与教师的消极态度显著相关。Baker 的研究显示，对老师与学校怀有积极态度的学生更能体验到较高的主观生活质量并表现出更多的社会期许行为。Baker 的研究证明，青少年较高的主观生活质量水平与其参与课外活动（如体育运动、俱乐部活动等）的程度相关。胡华、张均华、梁剑玲的研究指出，校园同伴关系对少年儿童主观生活质量中总体满意度、情感成分和认知成分有显著影响。

三、青少年主观生活质量研究对学校心理健康教育工作的启示

对青少年主观生活质量的相关研究给予学校心理健康教育工作很多启示，主观生活质量不仅是种结果变量，它也可以作为外部环境与青少年行为之间的中介变量而发生作用，因此，不断促进学生主观生活质量既是学校的心理健康教育的最终目标，也是预防学生问题行为产生的有效手段之一。

（一）对心理评估方式的启示

学校传统的心理评估重在对心理疾病严重程度的评估（如使用 SCL-90 量表进行评估），对青少年主观生活质量的研究为学校心理和教育工作者提供了一种新的工作视角，学校心理工作者应考虑对学生自身积极力量与环境中的积极因素的评估，其中就包括对学生主观生活质量的测量。对学生主观生活质量的日常测量能为学校心理健康教育工作提供重要信息，青少年主观生活质量量表作为筛选工具，对处于危机边缘的青少年能起到识别作用。已有研究表明，在各类学习问题（如辍学）与健康问题（如抑郁、自杀、呼吸道感染）出现前，个体的主观生活质量都会有所下降。显然，主观生活质量量表可作为一种快速诊断工具。因此，对学生主观生活质量的评估不仅能在学生的心理问题与

不良行为的预防工作方面发挥作用，而且也为促进学生心理健康的工作提供了方向。

（二）对心理干预策略的启示

学校心理和教育工作者以改变青少年人格特质为目标的长期干预是比较困难的，旨在提高学生主观生活质量的干预策略更切实有效，这种心理干预可采取综合的方法，应体现出学校、家庭和学生个人的共同努力。在学校，学校心理和教育工作者可以采取短期认知—行为疗法，改变学生的消极认知（如外控归因方式、低社会自我效能等），进而改变他们对人生的消极评价。与此同时，鼓励学生参与有意义的校内集体活动、培养学生解决问题的技能，让学生的个人努力对干预过程发挥积极作用。另外，必须注意的是，家庭的支持对学生的主观生活质量水平的提高有重要意义，若能对学生家长进行必要的培训将会让干预过程更完整，对学生家长的培训首先是为了帮助家长认识到他们对学生心理健康潜在的影响，然后帮助他们发展家庭对学生的支持性力量。

（三）对学校环境建设的启示

虽然主观生活质量是一种个人体验，但对它的研究已清楚地显示出生态因素的作用，可见，要改变学生的主观生活质量水平和行为不仅要改变学生个人也要改变周围环境。学生若对学校和教师持有积极评价则更能体验到较高的主观生活质量，而且倾向于表现出更多的社会期许行为，那种只关注改变个体自身而忽视改造周围环境的干预过程明显是有欠缺的，因此，学校心理和教育工作者如能更多关注学生对校园环境的体验将有利于实现心理健康教育目标。学校应以提高学生主观生活质量为着眼点，建设积极校园环境，如积极开展绿色校园建设、组织丰富有趣的学习活动、举办各种校园公益活动等，以增加学生在学校中经历各种积极事件、获得积极情绪体验的机会，这对提高学生的主观生活质量水平是有帮助的。

目前，国内关于青少年的主观生活质量的研究仍未全面展开，已有研究也大都限于特殊儿童（如多动症儿童、留守儿童、社交恐惧症儿童等）群体，且数量不多；国外关于青少年主观生活质量的研究虽不及成人研究，但也积累了一定的成果。研究表明，青少年高水平的主观生活质量能预测更多的适应行为，与适应功能相关的各种变量与青少年的主观生活质量相关。但是主观生活质量的相关研究中大部分只是以一次性的相关研究为基础，变量间彼此相关的方向尚不清晰，需要更多地设计严格的纵向研究对这些问题加以解释。不断促进学生主观生活质量既是学校的心理健康教育的最终目标之一，也是预防学生问题行为产生的有效手段之一。学校心理与教育工作者应从当前研究中搜集有价值的信息，在学校心理健康教育的实践当中自觉应用研究成果，对传统的学校心理健康教育进行必要的补充与改革，最终为实现学校心理健康教育目标服务。

第二节　音乐教育与青少年学生心理健康

本节从青少年心理健康现状入手，分析音乐教育对青少年心理健康成长的促进作用，提出在音乐欣赏教学中采用以活动为主、开展合唱训练、鼓励和引导等手段帮助学生心理健康发展。

音乐教育属于美育的一部分，它能提高学生心理素质、培养审美情趣，使学生达到修身养性、净化心灵的目的，是开展学校德育教育，培养青少年的重要途径。青少年是中国特色社会主义的接班人，随着现在物质水平的逐步提高，他们更需要心灵上的关爱和帮助，心理健康关系着他们一生的发展。因此，通过音乐教育去促进、帮助青少年心理健康成长，制定切实可行的音乐欣赏教学模式具有重要意义。

一、青少年心理健康现状及原因分析

青少年时期主要指少年期和青年初期，一般为 11~19 岁。这个时期是由不成熟的童年期走向成熟的人生道路的转折时期，是人生极为重要的关键时期。在这一时期，青少年从生理、心理、知识、智力等各个方面都有巨大发展，他们不仅学习各科知识、发展智力，而且寻求友谊，探索人生的意义，树立理想，初步形成人生观和世界观。但同时，他们也面临着许多成长中的困扰和问题。

（一）青少年面临的心理健康问题

学习方面，青少年正处在学龄期，学习上的竞争压力日益增大，除了面对老师的要求、父母的期待，他们还要承受中考、高考带来的巨大心理压力。有的学生容易紧张，对自我要求较高，常在考试前或考试中产生焦虑情绪，严重的甚至表现为焦虑泛化，出现食欲不振、失眠、呼吸困难等生理问题。有的学生面对学习压力，在屡次遭到失败后产生厌学的情绪，遇到学习上的问题和困难采取逃避的态度，在学校被老师批评、受到父母的指责之后，对于学习越来越排斥。

人际关系方面，现在的青少年个性突出，以自我为中心，面对集体生活时很少能主动关心他人、宽容他人。因此，若与老师、同学意见不合或发生摩擦、矛盾等，往往缺乏正确的沟通和交流，甚至变得孤僻、独来独往。还有的学生因缺乏与父母之间的沟通，常处在不和睦的家庭关系中，性格专横、固执，再加上有的学生属于单亲家庭，会感到自卑或得不到关爱。

青少年进入青春期时，由童年期逐渐向成人期过渡，在这一特殊时期他们的生理、心理都发生着巨大的变化，但他们的认知还处在天真、理想化的状态。因此，往往出现自卑、逆反等心理。一方面他们迫切地希望自己独立，具有成人感；另一方面他们在学习、生活、经济上都需要依赖父母和老师。当父母或老师不能认同自己的观念或过度干涉时，他们就会产生强烈的反感，有的甚至走向另一个极端，完全拒绝家长和老师的帮助，这就形成了所谓的“叛逆期”。

（二）青少年产生心理健康问题的原因

随着现代信息化的不断发展，青少年可以接触到不同国家、文化、宗教信仰等各方面的思想，他们的身心尚未成熟，许多负面、不良的社会风气和思想会侵害他们的身心健康。有的网络游戏渲染暴力、色情，还有许多垃圾影音制品充斥着文化市场，导致青少年的世界观、人生观、价值观产生问题和偏差，也势必会诱发许多社会问题。

家庭教育对孩子的心灵成长有着潜移默化的深远影响。有的父母对孩子属于“溺爱型”，特别是隔代抚养的家庭，对孩子提出的各种物质要求有求必应，却疏忽了思想上的引导；有的父母属于“专制型”，对于孩子方方面面都加以严格控制，很少倾听孩子的心声，导致孩子出现叛逆或自卑；有的父母属于“放任型”，只管养、不管教，对孩子在学校的表现不闻不问，导致孩子学习习惯差、组织纪律性差，对任何事都采取无所谓的态度。

学校教育和管理水平的参差不齐也影响着学生的健康成长。在我国长期以来的应试教育体制下，学校追求升学率，看重学生的考试成绩，老师也忙于如何帮助学生提高成绩。因此，在不同程度上学生的心理健康教育、素质教育被放在了次要的位置。但学生在成长中除了需要学习知识武装头脑，更需要在思想上获得引导，帮助他们树立正确的是非观，将来成为社会的有用之才。

青少年之所以会产生各种心理健康问题还有一个因素是他们自身。进入初中后，也是学生“心理危险期”的开始，他们在生理和心理上都逐渐发生变化，迫切地需要别人把他们当成人看待，希望得到更多的独立的活动空间以及认可，但又缺乏生活经验，不能正确看待自己的问题。若在这一阶段家长、老师能充分认识到孩子的问题，及时处理，就能帮助他们顺利度过这个阶段；反之，这种心理问题可能会延续到高中阶段甚至更久。

青少年时期是每个人心理发展的重要阶段，出现心理健康问题是常见的现象，想要走进学生的内心，引导学生的思想，音乐教育有着比其他学科更独特的优势。

二、音乐教育对青少年心理健康发展的促进作用

音乐是心灵的迸发，它来自人们的内心，又对人的心灵产生反作用。柏拉图曾说：“音乐教育除了非常注重道德和社会目的外，必须把美的东西作为自己的目的来探求，把人教育成美和善的。”因此，将音乐教育用于帮助促进青少年心理健康发展是尤为重要的。

（一）帮助自我认识与接纳

认识自我，是我们认识整个世界的起点；接纳自我，是我们与外部世界和谐相处的基础。青少年时期正是自我意识发展的重要时期，尤其是进入青春期以后，他们忽然意识到了“我”的存在，开始学习独立思考问题。在这个过程当中，大量的反思难免给他们带来“迷失”的感觉。聆听、感受音乐不仅能帮助他们思考和领悟，还能通过音乐与外部环境建立联系，在接触音乐的过程中回顾自己的童年，了解自己的喜好与个性，从而建立良好的自尊、自信，帮助他们认识自己，以积极乐观的心态接纳自我。

（二）调节情绪

心理健康的重要表现之一就是对情绪的良好感知和控制，这既包括自己的情绪管理，也包括对他人情绪的感知。青少年由于生理和心理的快速转型，对外部环境过于敏感，情绪反应往往十分激烈，起伏剧烈，表现出冲动、易怒、暴躁、叛逆的特点。音乐是情感的艺术，欣赏音乐能帮助青少年提高情绪的感知力，聆听音乐还能有效缓解不良情绪带来的心理压力，让情绪有所排解。贝多芬说过：“谁能渗透我的音乐，便能超脱寻常人无法自拔的困难。”可见在学习音乐的过程中，学会感知苦痛、感知他人的情绪体验，也能帮助自己形成坚韧、坚强的心理品质。

（三）树立正确的人生观、价值观

有的青少年虽然没有表现出明显的心理问题，但每天昏昏欲睡，得过且过，对于自己的未来缺乏目标，这种状态是一种心理“亚健康”。对自己未来进行合理的规划，是每个人毕生的重大课题。合理的规划需要建立在正确的人生观和价值观上，而诸如《我和我的祖国》《黄河大合唱》《红旗飘飘》《毕业歌》等具有中华民族特色的经典音乐作品，不仅能让学生感知到音乐家不屈不挠的顽强精神，更能培养学生对青春、对生命、对祖国的热爱，帮助、促进学生树立有追求、有理想的人生目标，潜移默化地影响青少年价值观的形成。

二、在音乐欣赏教学中促进青少年心理健康发展的途径

（一）以活动为主，强调主观体验，帮助学生融入课堂

青少年正处于自我认识和自我管理的能力较弱的时期，想要对他们进行心理健康辅导不能只讲道理、摆案例，这样的方式大多数学生都很难接受。传统的音乐欣赏课只停留在介绍和聆听上，乐曲虽好，但缺乏互动参与。可以在课堂上设计有趣味性的音乐体验活动。例如，在播放一段音乐时，让学生用左右手相互配合，根据老师给出的口诀，学习配合音乐简单地打节奏。通过类似的团体训练活动帮助学生在轻松的氛围中进行主动的参与和体验，既能减少学生对于“课堂说教”的抵触情绪，也能减弱学生在学习过程中的紧张感、压力感，使他们可以更自然地展现自己的特长与优势，体会课堂活动带来的体验和认识。

（二）开展合唱训练，创设学生互动学习，加强信任合作

处在同一年龄阶段的青少年遇到的问题和困惑往往十分相似，而预防青少年出现心理健康问题的重要手段之一是同伴的关心和帮助。相比老师与学生、家长与学生，同龄学生之间更容易进行心灵的沟通，他们也更渴望得到身边同学的接纳与信任。现如今合唱艺术已经与流行音乐、新音乐打成一片，成为年轻人喜爱的音乐类型。音乐欣赏课中正好可以给学生开展合唱训练的机会，一方面让学生接触、了解不同类型的音乐作品，开阔眼界，提升欣赏水平；另一方面通过集体合唱训练能增强学生之间的集体荣誉感和归属感。在学习合唱的过程中既需要学生之间相互交流、相互帮助，也需要他们相互配合、相互信任。因此，开展合唱训练能较好地促进学生之间形成良好、积极、健康的心理状态。

（三）丰富教学内容，鼓励学生主动展示

促进青少年心理健康发展包括方方面面，其中，除了发展自我意识、情绪调控、人际交往等，还包括学习潜能的开发。科学研究表明，人的大脑两半球有一定的分工，左半球执行着言语和抽象思维的功能，称为优势半球；但右半球的功能与空间位置、形状、音乐及情感等方面的信息有关，在生活中也有重要意义。音乐虽不能表达明确的思想，但它对称的结构、起伏的旋律、张弛的节奏都能对人的感官产生直接的刺激，让大脑及神经系统放松或兴奋，有助于想象力的开发。课堂上可以通过用色彩与音乐、音乐的情绪、音乐冥想等方式充分调动学生的视觉、听觉、触觉、嗅觉，鼓励学生在小组和班级里分享自己的体验与感受。在学习的过程中学生从被动听到主动展示，不仅能提高学习

效率和记忆力，还能锻炼自己的心理素质，提升心理健康水平。

（四）适时引导，为学生的成长保驾护航

课堂活动就是善意的“圈套”，它把学生引入其中，让他们不知不觉地获得成长。学习的过程绝不是一帆风顺的，学生可能会遇到各种各样的问题，有的学生对于音乐及艺术感兴趣，但认识较浅，了解范围仅限于流行音乐或街舞；有的学生一开始就认为自己五音不全，对于音乐学习有自卑和抗拒的心理，这时老师需要及时了解学生的心理状态，根据不同学生的情况给予适当的引导。因此，教师必须掌握教育学、心理学以及专业知识，根据青少年身心发展规律有的放矢地开展教学活动，关注学生的成长动态，在教学时耐心地辅导学生，帮助他们克服心理障碍，助力他们健康成长。

音乐教育对青少年的心理健康起着重要作用，也是提高素质教育不可或缺的重要内容。聆听音乐、感受音乐、分析音乐、记忆音乐、评价与鉴赏音乐不仅是在激发学生学习兴趣，开阔学生视野胸襟，更是在丰富学生的精神世界，开发学生潜能，提升学生的心理素质。只要坚持科学的教育思想，遵循学生心理发展规律，采取正确的教学手段，将音乐教育与心理健康教育有机结合起来，就能有针对性地帮助学生心理健康发展，为促进青少年心理健康贡献自己的力量。

第三节　青少年活动中心实施心理健康教育

青少年是国家的未来。俗话说:“少年强，则国强。”所以，在青少年的成长阶段，成绩优异与否已经不是主流了。学校及家长关注的重点，是学生的心理健康与否。而且，很多案例也说明了对学生心理健康教育的重要性。基于此，本节就对青少年活动中心实施心理健康教育进行简单的分析和阐述。

随着时代的发展，国家对学生的教育也投入了很大的精力。除了要保证学生的学习成绩以外，还要重视起对学生的心理健康的建设。高校要在对学生的教育期间，多组织学生进行一些心理健康活动，这样才能全方位地对学生的心理健康教育起到一定的效果。而且，现在的社会讲究的就是素质教育，因此，为了保证学生的全面发展，就应该对学生的心理健康教育提起高度的重视。

一、事例说明对学生心理健康教育的重要性

在现实生活中，有很多的案件主人公都是学生。未成年的学生有，上大学的学生也

有。在看到这些令人痛心的新闻时，人们的第一反应就是，“上学的时候，学生都学了什么？怎么考了这么好的大学，成绩这么优异还能干出这种事情呢”？所以，这也就证明了，大部分的家长都觉得，只要学生的学习成绩优异，那么学生的其他方面也一定很优异。

实则不然，放眼整个社会，有很多优秀的人，成绩优异，事业有成。但是，这些人还是会做出错误的事情，这证明他们的心理是不健康的。举例说明：“江歌案件”。凶手陈世峰身为日本留学生，这个身份就足以证明他的成绩最起码是很优秀的，而且，陈世峰所学的专业还是汉语专业。这证明他的文化底蕴还是很深厚的。但是，为什么他还是能做出这样伤天害理的事情呢？通过调查他身边的人，大家对他的评价是：虽然长得一表人才，看起来也很温柔，也很会与人相处，但是一涉及自身的利益，他就会变得很凶。甚至调查他的前女友，前女友也表示，两个人发生争吵，陈世峰会动手打人，而且是属于报复行为。

这就完全说明了，陈世峰的心理是有点扭曲的。在他的认知里，他不允许别人伤害自己，但是自己可以伤害别人。所以，一个人的心理健康与否，成绩是做不出保证的。而且一个人的外貌也是无法做出保证的。

所以，一些相关的案件足够让我们提起对学生的心理健康的重视。在学生未成年之前，就做好对其心理健康的建设，从而保证学生的未来能有一个更好的发展。因此，在对青少年的教学过程中，一定要高度重视对学生的心理健康教育，校方以及家长应该多带领学生去一些青少年活动中心，从根本上让学生感受到学习心理健康教育的重要性。

二、对学生心理健康教育的具体措施

其实，在教育部门提出对学生心理健康进行教育的时候，我们学校就已经积极地响应了教育部门的号召。而且，为了保证对学生的心理健康实施教育，我们学校分别在2017年和2018年，组织了很多的比赛和活动。

在2017年，为了丰富学生的课余生活以及拉近老师和学生、家长和孩子之间的距离，我校举办了风筝大赛和益智器具比赛，并且邀请了所在社区的党员带领学生进行了重温入党誓词的活动以及重温红色教育。其目的就是在学生的心里牢牢地打下坚实的基础，牢记革命前辈为我们现在美好生活的付出。

2018年，我校还进行了工农分局禁毒大队和社区的参观，对学生进行禁毒教育，为学生普及毒品的危害以及让学生学习到各种可以保护自己的技能和方法。学生是我们的未来，是祖国的花朵。我们身为老师不能保护他们一辈子，但是可以教他们保护自己的方式。

而且，学生在老师的心里，除了是学生的身份之外，更像自己的孩子。因此，我们教育学生就像教育自己的孩子一样，用心且尽力。传授他们知识的同时，还要关注他们的心理变化和心理健康，为学生的未来更好的负责和做出保障。

三、青少年活动中心存在的意义

从当今的社会发展来看，教育从质量教育变成了素质教育，社会也慢慢地变成了素质社会。想要更好地对青少年进行教育，除了在学校对学生进行心理活动，设立相应的活动机构也是必要的。而且随着时代的发展，越来越多的问题会慢慢浮现，应提早对学生进行心理教育，从而杜绝危险事情的发生。

青少年活动中心的设立，就是为了给学生提供一个活动和学习的区域。在青少年活动中心，学生可以学习和接触到课本之外的知识和内容，通过各种活动能够全面地对学生进行心理辅导。更重要的是，在青少年活动中，青少年可以参加各种积极向上的活动，这是学校方面做不到的。青少年活动中心建设的意义就是为青少年打造属于他们自己的天地。学生可以在这里释放自己，学习新的知识和内容，与此同时还能培养自己的优良习惯和生活能力。

青少年活动中心起到的作用和意义都是积极向上的。它们能更好地了解学生的内心，向学生普及更多适合他们的学习方式或者心理知识。这都是为了帮助学生在未来的生活中，能够积极健康地生活和成长。

总而言之，在青少年成长的阶段，不应该过多地重视学生的学习成绩。一个人的优异，不仅仅包括成绩还有素质和心理。一个人的全面发展，就是要对学生的内在和外在都要重视。现在社会发展速度飞快，网络技术发达，青少年的辨识能力又不够好，所以，在教育的过程中，一定要重视到学生的各个方面。心理健康问题，尤其值得老师和家长的关注。在青少年的教育过程中，一定要结合社会各个方面的资源和能力，从而为国家培养出心理健康的人才和栋梁。

第四节　案例法介入青少年心理健康教育

为更好地提高青少年心理健康教育实效，本节以理论阐释与案例分析相结合，分析了案例法的内涵和特点，重点分析了其在青少年心理健康教育中的应用策略，切实丰富学生的心理健康知识，提高学生对有关心理健康问题的认识，增强他们的自我调适能力，促进学生形成良好的心理品质，塑造健全的人格，操作性强，效果好。

自20世纪80年代中期开始，我国中小学相继开展心理健康教育，将心理健康教育纳入工作计划之中，并启动心理健康教育的理论与实践研究。我国心理健康教育改革逐步深入，陆续提出了情景教学法、角色扮演法、体验教学法、案例分析法等一系列心理健康教育方法。本节结合笔者多年的教学实践，重点探讨案例分析法在青少年心理健康教育中的介入应用，以期更好地提高青少年的心理健康教育效果。

一、案例法的内涵阐释

19世纪80年代，哈佛大学首先提出了案例法，后被哈佛商学院用于更好地培养高级经理人才，提高商业精英的管理能力；又被许多公司借鉴过来，更好地提高员工的综合素质。今天，案例分析法已经成为各个企业对员工进行培训教育以及各类医疗卫生、教育教学研究活动中非常重要的方法。案例法最为突出的特点是结合学生实际，把抽象的教育理论、教育知识、教育技巧和现实案例有机结合起来，是学生分析讨论最为重要的依据，也是帮助学生更好地提高理论认识水平、增强实践应用能力的重要纽带。

从心理学的角度来看，案例又被称作个案，是社会生活中的一些个别现象或者事件。案例是对具体情境的真实客观描述。案例首先应具有真实性，必须来源于学生的生活实际，是学生生活当中确实发生，并且学生比较认可的一些事实，这些事实可能是某些学生的真实经历，或者是其他学生能够在生活中真切感受到的事件；其次，个案具有突出的典型性，代表着生活中的一类现象或者问题，这个问题在学生生活中经常见到，在学生身上经常发生，可能是每一个学生在生活当中都会遇到的问题；再次，案例还必须具有启发性，能够让学生从具体的案例分析中认识到相关的问题，透过事件来更好地反映背后本质性、规律性的东西，让学生得到更多的启发，认识现象背后的本质特征，帮助学生更好地开阔思路，促进学生更好地学习相关理论和知识，真正让学生从思想上认识、从行为上改变，教给学生具体的思考问题、解决问题的办法。

二、青少年心理健康案例法介入的基本特征

案例法介入是对青少年进行心理健康教育非常有效的方法，能有效提高学生的心理健康水平，培养学生良好的人格修养，促进学生性格全面发展。案例法在心理健康教育中具有明确的目的性、突出的问题性、深刻的启发性、师生的互动性和较强的综合性。而青少年心理健康教育具有以下几个方面的明显特征：

问题突出。运用案例法对青少年进行心理健康教育，要给学生展现一个个鲜活的案例，每个案例都有特定的个人经历，而且是很常见的一些心理健康问题和行为问题，这些问题都具有非常突出的特点，所表现出的行为都具有明显的异常特点。引导学生进行心理健康学习就是从学生的学习和生活实际出发，让学生通过分析具体案例中所表现出来的非常明显的问题，找到各种问题的根源，分析这些异常行为背后的心理问题，让学生掌握相关的心理健康知识，帮助学生更好地进行自我心理调适，提高学生的分析和自我调节能力。

目的明确。案例法是一种非常有效的心理健康教育方法，教师为了更好地提高心理健康教育的效果，实现预定的教学目标，要对案例进行深入分析、精心选择，在编排和组织教学活动中，尤其是在具体实施过程中，围绕学生所存在的心理健康问题，结合教学目标，通过具体的教学任务引导学生对相关的案例认真阅读、讨论思考、领悟总结。所选的案例具有典型性，能够针对学生的生活实际，结合学生的心理健康发展阶段特点和突出问题，对学生进行有针对性的分析指导，达到预期的教学目标。

启发深刻。案例法对青少年心理健康的介入教育，具有比较明显的启发性。每一个案例都要在教师的引导下给学生以更好的启发，引导学生独立思考、深度分析，然后小组讨论。让学生在小组讨论过程中相互启发、相互促进，实现思维方式的灵活转变、思维方法和观点的碰撞，让学生获得更多的知识，不断拓展学生的思路，丰富学生分析和解决问题的方法和技巧，增强学生对相关知识的认识程度和领悟能力，从而不断提高学生对各种心理偏差的认知和分析能力。

互动性强。案例法不仅要对学生进行分析阐述，更为重要的是教师和学生能够很好地结合案例进行有效的互动，让学生去更好地分析知识、发现问题。通过师生之间、学生之间的对话交流，让学生能够得到更多的启发，获得更多的共鸣，从而实现教学的共振，让学生在多元互动的学习氛围当中获得更多的心理健康知识，促进学生更好地针对问题进行思考，不断提高自我调节的能力。

三、青少年心理健康教育案例法介入的步骤与要求

教师精心选择案例，确保学生真切体验。选择案例是对学生进行心理健康教育的前提，教师要针对学生的实际，围绕教学目标，整理更多的教学案例，从中选择最适合学生发展和能力提升的典型案例。比如，针对学生入校以后所表现出来的意志消沉、理想陨落、精神颓废等现象，给学生进行相关的心理健康教育，引导学生更好地守护心灵，重新燃起学习的热情、拼搏的斗志。

案例：小刘是一个让家长引以为豪、亲戚羡慕不已、同学小有嫉妒的好学生，有理想、有抱负、爱学习、有追求，希望依靠自己的辛勤拼搏考入理想的大学，圆自己的象牙塔梦。因此，为了考入名校，他废寝忘食、专心致志，放弃了很多爱好，利用一切能够利用的时间学习，但还是感到自己比不上那几个优秀的学生，无论怎么努力，总是有一定的差距。于是，他开始怀疑自己，产生了自卑、忌妒心理，甚至有了放弃梦想的念头，渐渐心灰意冷，行为上开始放纵自己，偷偷抽烟、喝酒。

这些心理行为表现在学生当中会经常出现，也是很多学生在遭遇挫折时所采取的一些行为方式。这个案例就具有典型性、普遍性、真实性、代表性，很容易让学生获得思想上的认同，并且能够激发学生的学习兴趣，让学生能够针对这类问题去思考、去自我认知，提高学生的心理健康品质。

精心组织分析讨论，做好师生有效互动。对典型案例进行分析讨论是实施案例法心理教育的核心环节，这个环节应该设计好相关的问题。要为学生提供较好的话题，结合学生已有的知识，围绕学生的心理特点，针对要实现的教学目标，提出与学生心理和教学目标密切相关的并且富有启发性的问题，让学生合作交流讨论，并且能够和学生一起参与讨论，做好师生之间的互动。比如，为了让学生更好地了解人的情绪表现形式、学会自控，笔者通过多媒体播放动画，给学生介绍一个案例供学生感知分析。

案例：体育课篮球训练，小文与小夕发生了肢体碰撞，小夕很生气地指责小文动作不规范、篮球技术差，让他立即离队。小文感到很难堪，一生气就跑了，跑了一段距离后原路返回，对着小夕歇斯底里地大吼：你真没有修养、缺乏教养……并动起手来，经过其他同学竭力劝阻才平息下来。发泄了自己的愤怒之后，看到小夕生气的模样，小文有些许的痛快。这些现象司空见惯，很多都发生在学生自己身上。接下来给学生提出问题，小文此时表现出来的是一种什么样的情绪？这样的心理和行为表现具有哪些特点？根据你的理解，你认为小文这样的表现合适吗？接下来就可以组织学生进行讨论。

这样，通过具体的案例给学生提出一定的问题，并针对问题组织学生进行合作交流，让学生能够站在不同的立场，从不同的角度进行分析，探讨事件背后的原因以及解决的措施，找出问题的根源。教师要鼓励学生根据自己的理解大胆思考、积极发言，并认真倾听学生所提出的各种问题和观点，尊重学生的观点和见解，针对学生所出现的问题或者偏离讨论主题的现象应该提出引导策略，引导学生对问题进行深入的思考和讨论。

做好师生角色定位，认真做好总结评价。实施案例法教学，教师不能简单地灌输知识，而要给学生提供鲜活生动的案例，组织学生分析研讨，做好激励指引。学生不再是被动地接受老师的机械说教，而成为积极参与互动研究的主体，结合自身实际认真研究，在实践中加深认识，以实际行动践行相关理论。教师引导学生分析讨论以后，应该给学生留出更多的时间和空间，让学生对问题进行深入的思考、探究和总结，形成自己的结论性认识。最后，教师要对学生进行总结性评价。

例如，教师在组织学生讨论小文的行为、心理以及应对策略之后，需要针对学生自由发表阶段所出现的各种观点和认识，进行针对性评价，允许学生提出不同的观点和认识。一方面能够很好地反映出学生的问题，实际上也是学生的心理表现；另一方面对相关现象进行深入的剖析和点评，对学生正确的认识加以肯定，对学生不同的思考方法加以赞扬。当然对学生所出现的问题以及不正确的认识应该加以纠正，并提出一定的见解，最后还要归纳总结补充有关的知识，再对学生进行方法和技能辅导，提高学生的心理健康质量，让学生能够在教师的总结和评价中受益更多。对案例的点评应该做到因势利导、层次清晰、合乎情理。

注重课堂有效延伸，确保学生能力提升。心理健康教育要能够通过具体的案例，帮助学生更好地掌握相关的心理健康知识，提高学生的心理健康分析能力，加强学生自身心理健康意识的培养，帮助学生更好地认识自己，善于分析自己的心理和他人的行为，掌握各种心理自我调适的技巧和方法，从而引导学生进行心理健康的自我调适，提升心理健康水平。因此，要想真正地提高学生的心理健康水平，必须在案例教学的过程中做好有效地拓展延伸，让学生将在有关案例中学到的知识、分析方法应用到自己的生活和学习实践中去。

例如，体育课上发生一些肢体接触和碰撞是很正常的事情，每一个学生在体育课上都会遇到这种情况，现在设想事情就发生在我们身上，我们需要用怎么样的措施来应对？在我们身边也发生过类似的事情，是怎样处理的？如果你在旁边，你会以怎样的方式来帮助他解决这样的问题？这样能够很好地把学生所学的有关知识进行有效的拓展和延伸，从而把知识和技能与社会生活实践有机统一起来，不断提高学生分析和解决问题的能力。

明确教法实施原则，凸显教法教育作用。

1. 保护个人隐私。案例教学法的实施要遵循一定的原则，首先要保护好当事人的个人隐私。运用案例法开展心理健康教育，所选的各个典型案例都是真实案例，为了更具说服力，选择的很多案例就发生在学生身边，当事人有可能就是学生的同学，甚至就是在座的学生，很多情况会关系到学生的个人隐私，影响到学生的同学关系、心情等。因此，一定要保护好当事人的个人隐私，必要时还要争取当事人的理解和支持。

2. 设计情理相融。心理健康教育是一门科学，需要理性引导，同时又是情感因素非常重的学问，要想更好地得到学生的认可，需要给学生真实的情感体验。为此，在设计相关教学案例时要考虑情感因素的融入，给学生一个较好的情感体验，增强教学效果。

3. 选择兼顾正反面。很多心理健康教育都是针对学生心理健康上存在的不良问题，反面案例居多，能够引导学生更好地结合具体问题认识分析和改进。事实上，适当穿插一些正面案例更有启发作用，为此，一定要结合学生的实际问题，案例选择兼顾正反性质。

在教学过程中，教师要认真研究学生的心理特点、年龄阶段，针对每一个学生的心理特点和行为表现采取有针对性的教学，切实丰富学生的心理健康知识，提高学生对有关心理健康问题的认识能力，增强他们的自我调适能力，促进学生形成良好的心理品质，塑造健全的人格。

第五节　青少年心理健康教育政策的经济环境

青少年心理健康教育政策受不同经济发展水平的影响，对其经济环境进行研究十分必要。青少年心理健康教育政策环境主要是指影响青少年心理健康教育政策实施的物质设施设备生产、分配、交换和消费的情况，以及资源、师资、专家、生产力发展水平、人们心理健康需求水平等内容。基于此，研究者提出了建立心理健康教育成本分担机制、专项经费机制和监管机制的建议。

历史唯物主义告诉我们，社会的经济基础决定上层建筑，上层建筑反作用于经济基础。任何一项教育政策的实施都需要经济保障，需要经济发展提供物质基础，否则就无法取得预期成效。作为教育政策的组成部分，青少年心理健康教育政策也是这样的，也需要经济发展带来的足够的物质基础和保障。

我国心理健康教育事业可以借用赫尔曼·艾宾浩斯对心理学发展史的论断来形容——“心理学有着长久的过去，但是却只有很短的一段历史”，我国心理健康教育事业有着一个漫长的过去，但青少年心理健康教育政策却只有很短的一段历史。教育部于1999年8月13日颁布了《关于加强中小学心理健康教育的若干意见》，被认定为我国青少年心理健康教育工作的一个里程碑。随后国家在《国务院关于基础教育改革与发展的决定》《中共中央办公厅、国务院办公厅关于适应新形势进一步加强和改进中小学德育工作的意见》《中共中央、国务院关于进一步加强和改进未成年思想道德建设的若干意见》《国家中长期教育改革和发展规划纲要（2010—2020年）》等多个文件中都对加强心理健康教育有相当篇幅的说明和强调。《中小学心理健康教育指导纲要》及其升级版《中小学心理健康教育指导纲要（2012年修订）》更是当前指导与规范心理健康教育发展的“好声音”。其间,《教育部关于地震灾区中小学开展心理辅导与心理健康教育的通知》《教育部办公厅关于公布首批全国中小学心理健康教育示范区名单的通知》《教育部办公厅关于实施中小学心理健康教育特色学校争创计划的通知》等专业政策的出台，为完善学校心理健康教育政策系统发挥了各自作用，更为开展心理健康教育提供了标杆和榜样。

这些政策的实施、执行都离不开足额经费及充分的物质保障，否则就会寸步难行，无论这些经费、物质基础是隐性的投入还是显性的保障。一项好的心理健康教育政策并不在于它设想得有多么美好，也不在于制定者提出的预期目标有多么高，而是取决于这一政策的实施成本社会、政府、学校等政策实施主体是否可以承担。显而易见，对青少年心理健康教育政策的实施、执行，一旦超过经济发展水平的预算、投入，就无法达到预期目标，甚至会阻碍教育改革与发展。这就需要对心理健康教育政策实施的经济环境进行必要分析。

一、青少年心理健康教育政策的经济环境

所谓经济环境是指对政策系统有重要影响的各种经济要素的总和，主要由社会生产力和社会关系的发展状况构成，包括生产力的结构、性质（科技发展、国民收入、资源分配等）和生产资料的所有制形式（个人所有、集体所有、国家所有等)。经济环境是人类社会生活中最基本的环境。政策系统不可能超越经济环境所提供的条件和要求。只有正确地认识经济环境，才能有效制定和执行公共政策。教育政策运行的经济环境是指一定社会中影响教育政策运行的物质资料生产、分配、交换和消费的情况，以及资源、人口、生产力发展水平、人们生活水平等内容。参考这一定义，研究者试着对青少年心理健康教育政策经济环境进行定义。笔者以为，青少年心理健康教育政策经济环境主要是指影响青少年心理健康教育政策实施的物质设施设备生产、分配、交换和消费的情况，以及资源、师资、专家、生产力发展水平、人们心理健康需求水平等内容。它主要包括影响心理健康教育政策实施的经济发展水平与经费投入情况等。

党的十九大报告提出，十八大以来的五年，我国经济建设取得重大成就。发展理念、发展观念、发展方式、发展质量和发展效益都在不断提升。经济保持中高速增长，在世界主要国家中名列前茅。可以说，青少年心理健康教育政策实施、执行所处的经济发展水平是十分优越的。各级地方政府也非常重视，培育名师、设立咨询室、开展活动，个体咨询与团体咨询结合开展，政府、社会与校园相向而行。教育部制定《中小学心理辅导室建设指南》就是重视心理健康教育的突出表现，为心理健康教育政策的执行提出了

明确的物质要求。

二、需求经费投入：基于心理健康教育专业政策文本的分析

1999 年至 2015 年，主要有七个心理健康教育专业政策文本。对中小学生来说，开展心理健康教育、实施心理健康教育政策需要经济保障，开展心理健康专业师资培训、课程研发、心理咨询室建设，都与这些政策所处的经济环境无法分割、不能分离。这七个心理健康教育专业政策文本关于经费投入的内容分别如下：

1999 年 8 月 13 日，由教育部颁布的《关于加强中小学心理健康教育的若干意见》要求，各级教育行政部门和学校要积极为心理健康教育创造必要的条件，大中城市具备条件的中学要逐步建立和完善心理咨询室（或心理辅导室）。除了教师辅导参考用书外，不要编印学生用教材，更不能要求学生统一购买教材。该意见要求大中城市具备条件的中学建立专业心理辅导部门，没有延伸到小学学段，没有从学生教材方面提出支持。这与当时的经济发展水平有着直接关系。

2002 年 8 月，教育部颁布《中小学心理健康教育指导纲要》要求，要创设符合心理健康教育所要求的物质环境、人际环境、心理环境，统筹安排中小学专职心理辅导教师专业技术职务评聘工作。根据学校实际可以聘请一定数量的兼职教师或心理咨询人员。大中城市具备条件的中小学校要逐步建立和完善心理咨询室（或心理辅导室），配备专职人员。严格遵循保密原则，谨慎使用心理测试量表或其他测试手段，不能强迫学生接受心理测试，禁止使用影响学生心理健康的仪器，如测谎仪、CT 脑电仪等。该意见明确提出创设物质环境的要求，设立心理咨询室的要求从初中延伸到了小学，并对心理健康教育从业教师提出了评聘支持。

2008 年 7 月 23 日，教育部下达《关于地震灾区中小学开展心理辅导与心理健康教育的通知》要求，灾区各级教育行政机构要有部门负责这项工作，并提供人、财、物的保障。这一文件是在“5・12”汶川特大地震发生后，为了让灾区中小学生更好地应对灾难带来的心理应激创伤，度过心理志愿服务应急期后的中小学如期开学而出台的。其对“提供人财物的保障”的要求为地震灾区的学生特别是如期开学提供了必要支持。

2012 年 11 月 22 日，教育部下达的《关于推荐首批全国中小学心理健康教育示范区的通知》在“经费保障”上要求，行政区域内政府、教育行政部门有专款支持学校开展心理健康教育工作。行政区域内 90% 以上的学校设置了心理健康教育辅导室等专门场所。该通知对中小学生心理健康教育的经费保障提出了要求，虽然没有提出资金额度、占比、出处，但这是教育行政部门第一次明确提出经费保障的要求。

2012 年 12 月 7 日，教育部出台的《中小学心理健康教育指导纲要（2012 年修订）》要求，加快制度建设、课程建设、心理辅导室建设和师资队伍建设。谨慎使用心理测试量表或其他测试手段，不能强迫学生接受心理测试，禁止使用可能损害学生心理健康的仪器，要防止心理健康教育医学化的倾向。大力开展心理健康教育教师培训。加强心理健康教育材料的管理。这个《纲要》是对 2002 年 8 月指导纲要时隔十年的修订，既是基于心理学、教育学等理论的不断发展，更是基于经济发展水平的变革。制度建设、课程建设、心理辅导室建设和师资队伍建设，以及心理测试量表、心理健康仪器研发，都离不开经济保障。这个文件把心理健康教育政策对经济基础、物质保障的要求渗透在了字里行间。

2014 年 3 月 14 日，教育部下达了《关于实施中小学心理健康教育特色学校争创计划的通知》，对争创心理健康教育特色学校的单位提出了“条件保障”要求，具体是：配齐配好老师，加强培养培训，保障教师待遇，加强阵地建设，加大经费投入。这五个条件均是指向经费、资金的，尤其是“加大经费投入”明确规定，设立心理健康教育专项经费，纳入学校年度经费预算，原则上每年学生人均心理健康教育经费不低于 10 元，以保证心理健康教育工作的正常开展，这是首次对心理健康教育经费定标准。

2015 年 7 月 29 日，教育部出台的《中小学心理辅导室建设指南》中对“经费投入”要求：学校应设立心理健康教育专项经费，纳入年度经费预算，保证心理辅导室工作正常开展。心理辅导室应免费为本校师生、家长提供心理辅导。这个文件的指导意义、实践意义、规范意义远远大于象征意义、号召意义，即便没有对经费标准提出要求，也对心理辅导室建设的“基本设置”提出了具体要求，从基层学校、基层教师的角度来说，这比表面上强调加大心理健康教育经费投入更具实效、更有应用价值。

对这七个专业政策文本进行梳理，发现我国政府在不断调整对青少年心理健康教育工作的经费措施，以确保经费投入。可以看出，我国青少年心理健康教育经费的来源主要是财政投入，社会投入较少参与。另外，除了特色学校争创计划中明确了经费保底额度、生均标准，其他的文本大都是通过对教师培训、仪器配备等方面实现经费投入，即使在心理辅导室建设指南中，也仅仅是提出要设立专项经费，都未明确提出经费额度、经费标准。这样一来，心理健康教育经费除了在要创建心理健康教育特色的学校中才有凸显外，其他都没有明确的政策刚性要求，可操作、可调控的空间比较大，不利于心理健康教育工作的开展。

三、关于青少年心理健康教育经济环境的改进建议

第一，进一步明确青少年心理健康教育经费投入主体责任，建立合理的成本分担机制。综观各青少年心理健康教育专业政策文本，可以发现目前我国主要实行的是以政府财政为主体，学校、个人为辅的成本分担机制。但由于地区经济发展水平、经费投入主体重视程度、教师工资收入、素质教育政策执行力度等因素的不同，青少年心理健康教育政策的实施出现差别。建议根据地域的实际情况，制定富有弹性、科学合理的成本分担机制，鼓励吸纳各级各类社会单位、个人承担一定的心理健康教育成本。

第二，落实好青少年心理健康教育专项经费制度。建议在年度教育经费预算中，单独列出心理健康教育专项经费，遵循先有预算、后有支出的原则，严格执行预算，并确保专款专用、不得挪作他用。同时，对心理健康教育专项经费预算进行全过程动态监控，逐步建立健全预算绩效管理体系，增强心理健康教育经费预算执行的严肃性，提高心理健康教育经费预算执行的准确率。

第三，建立相应的监督机制，确保心理健康教育经费的每一分钱真正用到位。成立心理健康教育专项资金的监管机构，监督相关部门严格按照相关文件规定的比例与标准进行拨款。同时，协调审计部门或组织会计师事务所等第三方机构，对心理健康教育使用情况进行审计、监管，确保真正把心理健康教育经费的每一分钱都用在学生身心健康成长的刀刃上，切实提升心理健康教育质量。

第六节　希望感研究下的青少年心理健康教育

近些年来，积极心理学的研究取得了新进展。希望感的研究属于积极心理学研究的一项重要内容，其对青少年的心理健康和学业成绩等都产生着积极、正向的影响。同时，希望感的相关研究也为我国国内的青少年心理健康教育拓展了新的研究视点。本节主要围绕希望感研究下的青少年心理健康教育路径进行研究，先分析希望感的内涵及其对青少年心理健康的意义，然后阐释基于希望感指导下的青少年心理健康教育的具体路径。

希望属于一种积极的心理品质，尤其对处于心理发展关键期的青少年来说。希望感同青少年个体的学业、积极情感和健康等都存在着密切的关系。对希望感相关内容进行研究不仅有利于提升青少年的希望感的层次和水平，而且还能使希望理论的价值和意义得到有效拓展。

一、希望感的内涵及其对青少年心理健康的意义

希望感的内涵分析。希望属于一种情感表现形式，同时还可将其看作健康认知发展的一大关键因素。通常意义上，我们可对希望进行如下界定，即在达成某一强烈愿望的过程中的一种具有持续性特点的信念，希望允许个体保持并践行着朝向目标的行为。希望感属于人类的一种积极力量，是积极心理学的重要构成和研究对象。

希望感对青少年心理健康的意义。作为一种积极、正向的力量，希望感能够对个体的心理健康起到很好的保护作用，同时还能帮助个体应对各种焦虑、压力等消极情绪。无论是成年个体还是青少年，其在工作、生活还是在学业上都不可避免地会遇到一些不顺心的事情，有时甚至会陷入情绪的低谷。对于青少年而言，适当的希望感水平通常能够更好地帮助个体以更好的心态进行心理适应性调整。这不仅能够促使其应对挫折的能力得到有效提升，而且还能够让其青少年在遭遇挫折后依然能认可自己，并且不丧失对未来的信心。同时，希望感还能适当地提升青少年的自我认可水平和自尊水平。由此可见，基于希望感的研究不仅有利于帮助青少年更好地应对消极情绪和各种压力，还对提升青少年的心理健康水平大有帮助。

二、在希望感指导下的青少年心理健康教育的具体路径

培养青少年良好的心理素质。每一个青少年个体心理品质的塑造通常都同家庭教育有着密切的关系。因而，作为青少年家长，应发挥好言传身教的示范性作用，密切重视青少年的自尊自信品质的培养。同时，家长还应时刻关注青少年的情绪方面的发展变化。例如，很多青少年在青春期频频出现焦虑抑郁情绪。也就是说，不能单纯地从衣食住行这些最基本的物质层面给其以关注，尤为关键的，应关注好青少年情绪方面的问题，绝对不能采取听之任之、顺其自然的态度。作为教育工作者，也不能仅仅关注青少年的学习成绩，还应将聚焦点放在日常对青少年优秀心理品质的培养方面，绝对不能在青少年出现心理问题之后才加以干预。

建立青少年个人的积极心理成长档案，强化正能量教育。根据希望理论观点，个体的动力思维和路径思维在其童年时期就已经基本形成，然后，又会在后期受到一些突发事件、情感等因素的影响。那么，要想更好地对青少年开展心理健康教育，首先就要对其心理健康的状况有更充分、深入的了解和认识。只有这样，才能使所开展的行动更具效果。建立青少年个人的积极心理成长档案就是对青少年个体的心理健康状况进行系统把握的一种非常有效的途径。2008 年，中央教育科学研究所的孟万金教授就明确指出，每个个体都有积极的心理潜能和自我向上的成长能力。相应地，加强对青少年积极心理品质、积极情绪体验以及积极心态调整的挖掘并重视开发青少年的积极心理潜能有着极

为关键的作用和意义。可见，进行积极心理研究的必要性已经得到了广泛的认可。但是，就目前来看，基于积极品质内容的个人心理档案的研究并没有受到充分的重视。尽管一些学者极力倡导采用建立个人心理档案这一策略来促进青少年的心理健康教育，但是依然需要密切关注的是，以往关于个人心理档案的研究大多将心理问题作为记录重点，却在无形中对积极心理的记录有所忽略，并且，这些记录大多是具有普适性的，有的并没有将青少年当作重点研究对象。那么，在建立心理成长档案时，应建立以培养青少年希望品质为导向的积极心理档案。具体进行操作的过程中，可采取对每个青少年个体初期固有心理特质进行记录的方式，有选择性地记录一些积极的心理案例和产生希望信念之类的事件，然后，在后期的各个不同年级段、在不同教师的参与下对希望心理档案进行及时补充，在此过程中，还应结合档案信息，有效引导并激发青少年的积极心理品质，使其能够在一种积极向上、正向鼓励的健康环境下快乐地成长。

综上，基于希望感的青少年心理健康教育属于一种具有前瞻性的心理健康教育视点，其对青少年的成长教育有着关键意义。但就目前来看，青少年希望感的研究有的仅停留在描述层面，缺失深入地实证考察及实际应用性的研究，这些现状，都有待于进一步深入和加强应用研究，并探索灵活多样的教育策略进行丰富和完善。如此才能切实提升青少年的希望感水平，逐步强化青少年的心理健康教育。

第七节　家庭教育对青少年心理健康的影响

父母是孩子的第一任老师，因此，父母的教育对孩子的成长及发展具有重要的影响。在家庭教育中，家庭教育的方式对孩子的心理健康有着极为重要的影响，良好的家庭教育方式可以促进孩子心理朝着健康、积极的方面发展。家庭是孩子的第一所学校，其中，父母扮演着重要的角色，因此，父母的教育方式对青少年的人格发展具有很大的辅助作用。本节主要分析了现代社会角度下，家庭教育方式对青少年心理健康发展的影响，并且分析了中国式文化影响下的家庭教育对青少年心理发展的影响，进而提出了相应的针对性建议，希望通过本节的论述，可以给父母在家庭教育方面提供一定参考。

青少年群体的健康成长关系着整个社会的发展，并且随着年龄的成长，青少年群体也将成为支撑社会发展的一代群体，而青少年在青春期的心理敏感度较高，并且由于青少年处于人格塑造的时期，其心理变化更加复杂多变。在青少年成长的过程中，父母是督促青少年朝着健康方向发展的监督者，其教育方式和教育质量直接关系到青少年未来的心理成熟度。随着社会的发展，人们的心理健康受到越来越多的影响，并且在青少年成长的过程中，部分家长忙于工作，忽略了对孩子的陪伴和教育，致使青少年出现心理上的不健康，因此，良好的家庭教育对于青少年的发展和成长具有重要意义，当前普遍存在的家庭教育问题也亟须解决。

一、青少年心理健康发展现状

青少年正处于青春期，属于叛逆时期，因此，父母更应该多倾听孩子的心声，在乎孩子的举动，关注孩子的心理健康发展。从大数据调查结果来看，部分大城市里的青少年具有较为严重的心理问题，并且具有心理问题的青少年占到全体青少年的 30% 以上。相关数据分析结果显示，在初中和高中阶段，随着年龄的增加，出现心理问题的青少年比例也在不断增加。中国科学院心理研究所的王极盛先生的调查显示，在一次针对 7562 名中学生的心理调查中，有高达 32% 的学生存在不同程度的心理问题，并且随着年龄的增加，学生的学习强度和父母期望值也在不断上升，而本身的心理需求又得不到满足，因此更容易产生心理问题。此外，这一部分存在心理问题的学生中，女生的心理问题比男生的心理问题更为严重。根据另一项分析结果显示，在存在心理问题的中学生中，30% 左右的青少年的心理问题来源于学习方面，40% 左右的青少年的心理问题来源于人际关系方面，另外 30% 的青少年的心理问题来源于其他各方面，因此，从我国青少年心理健康发展现状来看，我国青少年的心理健康现状不容乐观，并且这些心理问题对青少年的成长有着不同程度的负面影响，扰乱了青少年学习和生活的正常节奏，甚至可能导致部分青少年出现偏激行为，进而引发社会问题。

总而言之，青少年的心理健康发展对青少年的身心成长具有重要影响，而在青少年心理健康发展的过程中，能够对青少年心理健康产生直接影响的就是家庭教育，并且家庭教育能够跟社会教育和学校教育产生密切联系，因此，如果能够在青少年心理健康发展的过程中采取有效措施改善家庭教育方式、提高家庭教育质量，可以促进青少年在德育、智育以及体育方面的全面发展，并且有效减少社会问题。

二、不良家庭教育方式对青少年心理健康的影响

从家庭教育的角度来看，由于父母教育方式的不同，青少年也会产生不同的心理反应，一般来说，良好的、民主的教育方式会对青少年产生积极的促进作用，而压迫性质的教育方式则会进一步激发青少年的逆反心理，并且对青少年的心理健康发展起到消极作用。因此，本节重点分析了不同的家庭教育方式对青少年心理健康产生的不同影响。

专制型教育方式对青少年心理健康的影响。顾名思义，专制型教育方式就是父母作

为“皇帝”和“皇后”，而孩子作为唯一的“太子”却没有任何的选择权，父母居于高位，而孩子只能被动地接受父母的命令，父母并不重视与孩子的精神交流和精神沟通，也不去主动了解青少年的心理世界。采用此类教育方式的父母善用武力，一旦孩子出现任何不合父母意愿的行为，就会采取武力对待孩子，忽略了孩子的人格、心理和自尊。在这种家庭教育模式下，孩子性格内向，不善于向他人表达，并且长期封闭自己，容易产生抑郁症。此外，在专制型教育模式下成长的孩子，由于在童年时期受到父母的鞭笞，更容易形成逆来顺受的性格，即使在成年以后也会有一定的体现，如部分孩子在成年之后会产生斯德哥尔摩综合征，容易受到他人迫害并且会自主地维护加害者。在专制型的家庭教育模式下，部分逆反心理较强的青少年会采取各种方式来对抗父母的体罚，更容易受到社会不良分子的影响而误入歧途，最终离家出走、流浪社会，甚至走上违法犯罪的道路。

总之，在专制型家庭教育方式下成长的孩子会出现两种极端，一种就是逆来顺受、极度自卑、懦弱、无所事事甚至患上斯德哥尔摩综合征；而另一种则是极端反抗、不受控制、行为偏激、心理扭曲乃至走上违法犯罪的道路。然而，需要注意的一点是，人作为个体具有异质性，因此，极少数的青少年在专制型家庭教育方式之下养成了极度自律的生活习惯和学习习惯，并且具有极高的抗压能力，能够笑对学习、生活中遇到的各种问题，并且采取有效措施加以解决。

溺爱型家庭教育方式对青少年心理健康的影响。上文说了专制型家庭教育方式的影响，专制型教育模式会对大部分青少年的心理健康造成摧毁，而溺爱型家庭教育方式也会对青少年的心理健康产生较大的不良影响，溺爱的教育方式带来的不良影响远高于专制型教育方式带来的不良影响。在实际的家庭教育中，部分父母认为孩子是家庭的唯一希望，因此，出于对孩子的疼爱，对孩子有求必应，甚至认为自己的孩子就应该享受到最好的事物，殊不知忽略了孩子的独立意识的养成。此外，溺爱型家庭教育方式在教育的过程中忽略了对孩子吃苦意识、动手能力以及竞争意识的培养，随着孩子年龄的增加，所面临的竞争也越来越大，因此，这类孩子在面临激烈的社会竞争的时候往往会选择逃避，并且在生存方面的能力并不出众。长期的溺爱型家庭教育方式会使孩子只知道接受爱而不会付出爱，并且只知道让家长为自己服务，而不懂得孝顺家长，并没有让青少年养成责任意识。此外，在溺爱型家庭教育模式下成长的孩子会在需求得不到满足的时候采取一些不道德的途径来获取自己所需要的东西。

总而言之，在溺爱型家庭教育方式下成长的孩子容易表现出幼稚、依赖、自私、任性、懦弱的行为特征，并容易受到他人的指责，失去正常的个性，在溺爱型家庭教育模式下成长的孩子需要更多的指点以及教训，并且由于长期处于溺爱的教育模式下，缺少开拓精神和锐意进取的探索改革精神，其智力发展也受到一定影响，学不会承担社会责任，善于逃避。

保护型家庭教育方式对青少年心理健康的影响。保护型家庭教育方式具有较为明显的双面性，其有利的一面是可以帮助孩子养成关心他人、体贴他人的意识，并且能够让孩子感受到爱的乐趣，能够有效降低青少年的攻击性，因此，可以避免孩子误入歧途，从而帮助孩子健康成长。然而，保护型家庭教育模式也带来了一些不良影响，主要表现为青少年的自我保护意识不强，并且由于长期处于父母的保护之下，孩子的自我判断能力容易出现偏差，极容易受到父母的影响，如"妈宝男"就是最为明显的例子之一。此外，保护型家庭教育模式下成长的孩子普遍缺乏竞争意识和进取精神，并且生活欲望较低，缺乏对社会行为的辨别能力，即使发生意外事件也无法对意外事件做出及时的反应，对紧急事件的应变能力较低。此外，在保护型家庭教育模式下成长的孩子过分依赖家长，缺乏足够的生活自理能力，甚至出现剥鸡蛋都不会的个例。

总的来说，在保护型家庭教育模式下成长的孩子更容易爱别人并且更容易接受别人的爱，并且不容易受到不良分子的影响，但是在此类家庭教育模式下成长的孩子缺乏主见，容易受到父母的影响，并且性格脆弱、依赖性较强，容易受到较强的挫折，缺少足够的社会适应能力，缺乏创造力和想象力。

放任型家庭教育模式对青少年心理健康的影响。放任型家庭教育模式是当今社会中较为常见的一种教育模式，其中，留守儿童就属于放任型家庭教育模式的一种，由于长期远离父母，而祖父祖母的威慑力不足，因此，孩子更容易受到不良影响，从而走上邪路。一般而言，采用放任型家庭教育模式的父母认为孩子的成长是学校和教师的事情，自己只需要管好孩子的衣食住行就可以了，但是忽略了孩子心理的健康发展。此外，部分家长打着放养的旗号，实际上采用放任的教育措施，总是要求孩子自己养成规律的学习习惯和生活习惯，自己却不管不顾，影响孩子的正常发展。

一般来说，放任型家庭教育模式下成长的孩子普遍早熟，但是容易产生不安全感，对陌生人过于冷淡，并且在为人处世方面容易钻牛角尖，缺乏理想和追求，容易受到不良影响而误入歧途。在放任型家庭教育模式下成长的孩子也有个别例外现象，如部分留守儿童成熟较早，并且学会承担孝顺长辈的责任，聪明能干、乖巧懂事。

三、不良家庭教育模式的成因

本节主要分析了四种不良家庭教育模式的成因，从文化、心理以及家庭关系角度进行了逐一分析。

导致专制型家庭教育模式产生的主要原因还是一些不良传统文化在作祟，一些父母受到“棍棒底下出孝子”“父为子纲”等封建传统观念的影响，对自己的孩子进行打压式教育，使得孩子养成极端、扭曲的性格，此外，部分家长认为高压的教育模式更能磨炼孩子的毅力，却忽略了孩子的承受能力，导致孩子受不了父母的压迫而产生更强的逆反心理。

溺爱型家庭教育模式的成因主要是部分父母觉得应该把最好的给孩子，这一点固然没错，但是只给了孩子优厚的生活条件，而没有让孩子经历挫折，甚至部分家长帮助孩子完成家庭作业，使得孩子一遇到挫折就会求助于他人，缺乏面对挫折的勇气。除此之外，部分祖辈的家长存在“隔代亲”的观念，溺爱自己的孙子孙女，导致孙子孙女在这种模式下无法有效养成独立、自主的性格。

与溺爱型家庭教育模式类似的是保护型家庭教育模式，这种模式下的家长只让自己的孩子接触世界上的美好事物，甚至一些违法犯罪的新闻案件都不让孩子接触，孩子似乎生活在童话世界里，而无法辨别现实世界里的各种事物，导致孩子养成不健康的心理模式。

在放任型家庭教育模式下，家长往往忙于工作、经商或者娱乐，认为只需要给孩子优渥的物质条件就可以，但是忽略了孩子精神上的需求，因此，容易导致孩子在心理发展的过程中出现问题，并且，放任型家庭教育模式下的家长容易推卸教育责任，导致孩子也会推脱责任，不利于孩子养成健康的人格。

四、培养良好家庭教育模式的措施

为了使家庭教育模式更加符合青少年的心理成长特点，本节对此进行了深入分析，从实际的教育现状出发，以合理期望、全面发展以及家庭氛围为出发点探讨了如何创造良好的家庭氛围，从而构建良好的家庭教育模式，进而引导青少年心理健康成长。

调整父母期望。当今的父母多为“80后”“90后”，这一代父母已经不再抱有“多子多福”的生育观念，而是更加追求子女的质量，这属于积极转变，但是在这一观念转变的过程中，也出现了一些问题，现代父母普遍望子成龙、望女成凤，因此，在孩子的成长过程中，给孩子报各种辅导机构或者兴趣班，因此无形之中加大了孩子的压力，并且造成了孩子的心理障碍。因此，在教育孩子的过程中，应该适当调整父母期望，避免给孩子造成过大的心理压力。在这一过程中，家长应该从子女的实际出发，针对子女的实际情况采取相应的培养措施，绝不能照搬别人家的教育模式，一定要根据子女的实际情况采取相应的措施，做到量力而行、循序渐进，以子女的发展意愿为依据，帮助孩子养成健康人格。

做到言传身教。父母是孩子的第一任教师，但是大多数父母在教育孩子的过程中仅仅做到了口头教育。例如，一些父母教育孩子遵守规则，但是自身在过马路的时候不走斑马线，无形之中就给孩子造成了一定程度上的不良影响。此外，家庭教育是孩子成长的基础，但是父母本身就没有做好榜样，导致孩子跟着自身一起堕落。家长在教育孩子的过程中需要尽量做到言传身教，从而起到良好的教育作用。例如，让孩子认真学习，自己就可以去阅读报纸或者读书，从而给孩子树立一个学习的榜样。

本节首先阐述了青少年心理健康发展的现状，进而对四种不良的家庭教育模式及其影响进行了简述，分析了四种不良家庭教育模式产生的原因和影响因素，最后提出了相应的建议，分别是调整父母期望和言传身教，希望通过本节的论述，可以为新生代父母提供一定的教育参考。

第六章　人工智能背景下青少年教育概述

第一节　青少年人工智能素质教育课程体系

随着信息通信技术的快速发展，互联网、大数据、云计算等信息技术产品和服务给人类社会带来了颠覆性的变化，也不可避免地对教育行业产生了深刻影响。特别是当前全球掀起了人工智能技术应用的热潮，如 2016 年 AlphaGo 带来了人工智能应用的突破，人工智能已成为引领世界未来发展的战略性技术。全球主要发达国家纷纷把发展人工智能作为提升国家综合国力和未来竞争力最重要的动力源泉，试图在新一轮国际科技竞争中掌握主导权。例如，2016 年年初，美国前总统奥巴马在国情咨文中提出建立“面向所有人的计算机科学”新计划，并在同年发布了《K-12 计算机科学框架》，设置了从小学到高中的计算机科学课程，并设置为必修课。英国教育科学部在 2013 年正式公布《计算机课程学习计划》，其核心就是让中小学生在每个阶段都接受计算机基础知识和编程知识的学习，甚至将 2014 年定为“编程年”。不仅西方大国积极推进计算机类科学教育，微软、脸书等国外大型企业都积极参与到编程教育中。

目前，人工智能已经越来越广泛地运用在我们的日常生活中，如丰巢智能寄存取人脸识别系统、无人驾驶技术、智能扫地机器人、聊天软件中的语音自动翻译或转文字等。2019 年，京东在北京市海淀区开启全球首次全场景常态化配送运营，送货机器人通过雷达加传感器进行全方位环境监测，可自动规避道路障碍、往来车辆和行人，并能自动识别红绿灯信号，进而做出相应的合理判断和行动。用户可通过人脸识别、输入取货码、点击手机 App 链接等三种方式从送货机器人手中提取货物。这种模式彻底突破了快递送货“最后一公里”的瓶颈。今后，人工智能的持续快速发展，将会更加深刻地改变人们的生活、学习和工作模式。

人工智能的发展是大势所趋，人工智能技术的应用将给所有行业带来升级与变革。未来，人工智能将和智能手机、互联网一样，成为一种基本的生活方式。青少年要学习的是如何与人工智能一起生活，而不只是关注技术本身和具体功能，这样他们才能明白这项技术正在重塑我们的生活。

一、面向青少年设置人工智能课程的必要性

（一）教育政策的趋势

2017年7月，国务院发布并实施《新一代人工智能发展规划》，明确指出人工智能成为国际竞争的新焦点，经济发展的新引擎，社会建设的新机遇。要广泛开展人工智能科普活动，在中小学阶段设置人工智能相关课程，逐步推广编程教育，鼓励社会力量参与开发和推广寓教于乐的编程教学软件、游戏。2018年4月，教育部印发《高等学校人工智能创新行动计划》，推进高校人工智能领域学科建设、人才培养、理论创新、技术突破和应用示范全方位发展。2019年5月，教育部原部长陈宝生在国际人工智能与教育大会的主旨报告中指出：让孩子们为智能时代的到来做好生活、就业和能力的准备，是当今教育的重要命题，要在中小学设置人工智能相关课程，推进普及教育。2019年8月，教育部科技司原司长雷朝滋在人工智能与教育大数据峰会中强调：建立人工智能多层次教育体系，普及人工智能教育，在中小学设置人工智能相关课程，逐步推广编程教育。2020年12月，教育部原部长陈宝生再次指出：要把人工智能知识普及作为前提和基础，让学生对人工智能有基本的意识、基本的概念、基本的素养、基本的兴趣。

（二）社会发展的需求

自20世纪50年代人工智能的概念被提出到目前的短短70年时间，人工智能已经经历了三个发展阶段。第三代人工智能体系已基本形成，人工智能的技术和应用在各行各业落地，人工智能的成果和场景也层出不穷。2020年8月5日，中国标准化管理委员会、中央网信办、国家发展和改革委员会、科技部、工业和信息化部联合印发《国家新一代人工智能标准体系建设指南》，规范了人工智能的应用体系，明确了其发展方向。

未来，人工智能将融入每个人的生活、学习和工作中，变得无孔不入、无处不在。未来我们的社会将从当前的电子时代进入人工智能时代。在人工智能时代中，社会中每个个体都需要具备人工智能素质。而在迎接人工智能时代的当下，具备人工智能素质的青少年更是推动我国人工智能发展的重要基础。因此，在中小学设置人工智能课程，提前培养国民人工智能素质，是放眼未来把握国家发展新机遇的重要保障。

（三）青少年成长的期望

随着科学技术的快速发展，我国计算机类技术人才紧缺，计算机类专业成为学生、家长、单位、社会热捧的专业，计算机类技术人才也成为高薪阶层的代名词。因此，

学生家长越来越希望孩子更早地接触计算机基础知识，培养基本的计算机兴趣爱好，具备计算机专业基本素质，甚至掌握基本的编程，以期未来在计算机专业领域获得更好的发展。

对于孩子来说，他们在成长中越来越多地接触计算机技术，甚至人工智能。在可以预见的未来，人工智能会改变孩子成长阶段的学习模式，成年后走进社会的生活和工作模式。因此，中小学生也会对计算机技术有更多的期待，希望揭开人工智能的神秘面纱，直观地了解人工智能的基本原理。

二、课程体系模型构建

（一）不同年龄段的青少年认知思维分析

青少年在成长发育的过程中，不同的年龄段在认知及思维上也呈现出不同的特征。对于7~12岁的孩子，此时其思维已具有明显的符号性和逻辑性，能进行简单的逻辑推演。对于13~16岁的孩子，他们已能设定和检验假设，能监控和内省自己的思维活动，在解决问题时更具逻辑性和系统性，其思维的抽象性有了很大提高。18~23岁之间的大学生，他们的心理发展阶段正从青春期过渡到成年早期。此阶段学生不仅仅为了好奇求学而学习，更是利用所学来达到某种目的。他们的抽象逻辑思维处于一生中的顶峰，辩证逻辑思维逐渐趋向成熟与完善，创造性思维还在进一步发展。他们的思维更具有独立性和判断性。

另外，青少年正处于个体身心加速发展的第二高峰期，整个青少年学生时期都处于认知发展的迅速上升时期。初中阶段，青少年认知的主要特点是思维的抽象逻辑性占优势，但在很大程度上还需要经验的支持。到了高中阶段，他们的认知各要素迅速发展，认知结构不断完善，抽象逻辑思维进入成熟阶段，辩证逻辑思维和创造思维有了较明显的发展，认知的自觉性增强，认知结构中的因素基本趋于稳定状态，认知结构形成协同发展的新局面。

（二）不同年龄段的青少年能力分析

青少年在不同年龄段其能力也各不相同。

小学高年级阶段的学生，随着年龄的增长，对具体形象的依赖性会越来越小，创造想象开始发展。同时，他们能够依靠表现一定数量关系的词语来进行概括，掌握概念中直观、外部特征的成分逐渐减少，而掌握抽象、本质特征的成分不断增多。高年级学生对抽象材料的理解力加强，可运用简单抽象的逻辑思维去推理、判断。故对于该年龄段的孩子需重点关注开发他们思维的创造性，拓展其空间想象能力。

对于初中生而言，他们的接受和理解能力非常强，心智比较成熟，且逻辑思维已有一定的基础。因此，对于这个年龄段的孩子，我们更应该关注其编程逻辑的运用。高中阶段的学生，综合素养高，智力发展已接近成熟，抽象逻辑思维正从“经验型”向“理论型”急剧转化，我们更应该关注他们的智能竞技及创新能力。学生高中毕业进入大学后，他们更追求自身思想独立，思维的独立性、批判性、创造性都有显著提高，我们要关注他们的逻辑性和编码能力。

基于青少年不同阶段的身心发育特点，我们分析建立了青少年人工智能素质教育课程体系。

对于各年龄段的孩子，开设的课程从 Scratch.JR 到 Scratch 编程，接着到 Python 编程，最后到 C 或者 C++ 的编程。这种递进式课程体系，主要依据每个年龄段孩子的特点而设置。下面具体分析这几个编程语言的特点。

Scratch 这款编程软件主要通过积木形状的模块来实现程序命令和参数的构成，用鼠标将模块拖动到程序编辑栏。该程序在这些图形中是模块化的，允许孩子制作动画、游戏等，已完成的动画可以导出来，以加强孩子兴趣的持久性。Scratch 操作简单，易于使用，在游戏和动画制作方面具有明显优势，可帮助孩子更快地完成编程游戏设计。Scratch 更像是满足青少年实现创作的工具。学习 Scratch 可以更好地培养青少年的逻辑思维能力，提高其学习主动性，激发他们的创造力。

Python 是一种代表简单主义思想的编程语言，阅读一个良好的 Python 程序时就犹如在读英语一样。Python 最大的优势就是伪代码的本质，开发时不在于搞明白语言的本身，应以解决问题为主要目的。

C 语言是一种通用的、面向过程式的计算机程序设计语言。这门语言具有很多优点：运算符多、数据结构丰富、比较灵活、程序执行效率高、可移植性好、绘图功能强大等。学习这门编程语言需要学习者具有成熟的心智、一定的理解力、较好的逻辑思维能力，并且需具有快速学习的能力等。C 语言是一门非常锻炼逻辑思维能力的基础编程语言。

三、课程体系培养目标及知识内容分析

因为青少年在不同年龄段所具备的各种能力和知识都有所不同，所以，人工智能素质教育课程体系中不同阶段的培养目标和知识内容也应有所不同。

（一）小学高年级阶段

培养智能知识和技能是该年龄段孩子人工智能素质课程的培养目标。小学生往往对新生事物有强烈的好奇心与求知欲。如果对其稍加引导，让学生在年少时就产生学习兴

趣，在未来深入学习中就可以事半功倍。

因此，该年龄段的孩子需要了解人工智能的基础概念，知道目前人工智能的运用场景，体验人工智能在学习、生活中的作用。可以通过老师的演示、故事讲解、科普实验帮助其建立对人工智能的直观认知，感受人工智能给学习、生活带来的巨大变化，初步理解人工智能的一些基本知识和基本思路。可尝试运用简单的图文编程工具实践基本人工智能小项目，激发他们对人工智能的兴趣，为以后高级人工智能技术人才的培养奠定基础。目前，美国、英国、日本以及新加坡、韩国等国家，都已将编程教育列入小学必修课。自2014年起，“编程1小时”已经成为全球性活动，每年吸引数百万青少年参加。该活动运用趣味欢乐的形式，帮助小学生了解程序语言，学习编程知识。该阶段的知识主要包括硬件编程逻辑和图形化编程启蒙。

（二）初中阶段

本阶段主要以培养学生的人工智能思维为目标。人工智能思维是指运用计算机领域及人工智能的思路方法，形成解决问题方案的思维方式。学生从小就锻炼人工智能思维，理解人工智能应用的思路，从计算机领域及人工智能的方式去界定问题、抽象特征、构建模型、组织数据，并进行分析、判断和综合，形成解决问题的方案，未来在高等教育阶段，他们就可以更加适应人工智能方面的深度研究和创新。即使未来他们不参与计算机领域的学习，不从事人工智能方面的工作，也能够更加适应人工智能时代的社会。

该阶段的学生需要重点学习的知识首先包括全面了解人工智能的发展及研究方向、体验人工智能技术及其应用、对人工智能提出自己的见解，从而对人工智能形成正确的认识；其次，加深对人工智能领域的理解，探索算法、机器学习、神经网络的原理与应用，能初步编写与训练自己的人工智能程序。

（三）高中阶段

高中阶段的学生，以智能思维和智能创新为培养目标。我国高中阶段的学生已经具备较完整的独立人格与较强的自主学习、研究能力。在这个阶段，高中生应该已经具备人工智能思维，能够运用图文编程工具和简单的计算机语言进行编程。因此，他们的主要任务是掌握人工智能的基础知识、基本思路，掌握初级计算机编程语言，增强人工智能逻辑思维，能够根据项目要求，通过分解、抽象、概括、评估等多种方法设计较为复杂的实践方案，运用图像识别、语音识别等多种人工智能技术，自主完成人工智能相关项目，并尝试针对现实中的事项，设计、制作有创意、有价值、更为复杂的产品。这阶段主要学习的知识包括图像识别和语音识别。

（四）大学阶段

本阶段主要以培养学生的智能创新为目标。创新是科技发展的第一动力。人工智能是计算机应用的一个新领域，这方面的研究和应用正处于发展阶段。人工智能的发展离不开创新，创新也是青少年学习的重要动力源泉。通过在创新中体验，青少年可以获得更大的学习动力，促进学习的快速进步。在教授人工智能课程的过程中，要不断带领学生感悟人工智能创新的乐趣，激励学生在基础课程内容的基础上进行自我创新，从而培养学生的创新创造能力，以便未来更好地学习或运用人工智能技术，推进人工智能的发展。该阶段主要学习的知识包括算法、模式识别、机器视觉、大数据与数据挖掘、机器学习、深度学习及机器人与智能系统等。这一阶段还可以更加深入地进行高级别的研究和创新。

基于对青少年不同年龄阶段培养目标和课程内容的分析，形成青少年人工智能素质教育课程体系。

构建与完善青少年人工智能课程体系是一项长期的、动态的、发展的系统工程，在人工智能课程的师资培养、教学资源开发、技术力量、制度保障等方面要进一步推进建设。这还需要社会、政府、人工智能领域专家及学校广大师生等多方面共同探讨和努力实践。

第二节　人工智能对青少年教育体制机制的影响

人工智能是研究、开发用于模拟、延伸和扩展人的智能的理论、方法、技术及应用系统的一门新的技术科学，该领域研究包括机器人、语言识别、图像识别、自然语言处理和专家系统等。作为一项革命性的技术，人工智能具有巨大的社会和经济效益，未来有可能彻底改变人们的生活、工作、学习、发现和交流方式。2016 年开始，我国颁布了一系列政策文件以加快人工智能发展，如《“互联网 +”人工智能三年行动实施方案》《关于印发“十三五”国家科技创新规划的通知》《关于组织实施 2017 年新一代信息基础设施建设工程和“互联网 +”重大工程的通知》《国务院关于印发新一代人工智能发展规划的通知》等，并将人工智能写入 2017 年和 2018 年的国务院《政府工作报告》，成为国家鼓励和支持的重要领域。在政府和市场力量的共同推动下，我国人工智能发展迅速。2017 年，人工智能市场规模突破 200 亿元；与此同时，专利申请数持续增长，核心技术不断取得新突破。

随着人工智能的飞跃式发展，其影响已经渗透到社会的方方面面。2018 年 4 月 13 日，教育部印发了《教育信息化 2.0 行动计划》，其中 11 次提到人工智能，要求推动人工智能在教学、管理、教师队伍等方面发挥作用。实践中，已经有许多项目在使用计算机智能帮助学生和教师更有效地学与教。可以预见，人工智能将会对教育产生深刻的影响，引发教育变革，塑造和定义未来的教育体验。本节以新时代的青少年教育体制机制为关注焦点，从教育主体、教育内容、教学模式、教育评价以及教育治理等维度，分析人工智能对青少年教育系统的影响，以期为青少年教育综合改革和创新提供参考。

一、教育主体：人工智能逐渐从边缘走向中心

对教育主体的认识是教育理论关注的基本问题，传统的教育主体理论尽管存在“教师主体”“学生主体”“教师学生双主体”“教师主导—学生主体”等多种争议，但均未超出教师和学生这两者的范畴。人工智能的出现极大地影响了教师的角色定位，这种影响的首要表现为教育主体的重大变化。主体性作为主体的标志特性，是在主体与客体的对应关系中表现出来的主体属性，一般指在实践过程中表现出来的自主、主动、能动、自由、有目的的活动的地位和特性。人工智能在实际教育教学活动中具备主体性，它可能取代教师的部分工作，在一定程度上扮演了教师角色，成为教育主体之一。人工智能使得教育主体发生改变，从传统的教师和学生双主体转变为学生、教师、人工智能三主体，其中人工智能与教师共同承担教育工作。

第一，教师的常规任务可能被人工智能取代。人工智能可以更好地完成教师在教育教学活动中根据固定要求产生的常规任务。教师的常规工作主要包括作业批改、学业反馈以及教学辅助，这些任务对于教师而言是必需的且耗时的。在作业分级评价方面，人工智能可以实时给不同层级的学生进行测试并得出测试结果。教师为了更好地了解学生的学习水平以进行针对性教学，需要让学生完成特定的任务并给予反馈，人工智能在这一工作中会有突出的表现，并已经得到初步应用。例如，IBM 沃特森团队（IBM Watson Team）创建了教学机器，由佐治亚理工学院的研究团队培训。该教学机器作为助教帮助计算机专业的学生设计项目。又如，北京师范大学开展了人工智能教师的国际合作研究项目，要求人工智能教师成为可自动出题和自动批阅作业的助教，帮助教师对不同能力的学生自动生成不同的试题，对作业、试卷等实现自动化批改。对于测试或者批改作业这类依据固定程序的任务，人工智能甚至可以完全替代教师，以让教师有更多的时间与学生互动，专注于帮助落后学生，关注专业发展或者研究更为有效的教育教学，从而提高教育质量和教学效率。

在为学生提供教学辅助上，人工智能可以及时解答学生的提问并提出针对性建议。2011 年，研究者通过比较研究教师辅助教学和智能辅助教育的教育效果，发现两者已非常接近。随着人工智能的发展和完善，它将进一步取代教师的教育辅助功能。人工智能系统可以通过编程来提供专业知识，作为学生提问和查找信息的地方，它可有效地用来回应

学生的询问，并比任何教师在重复回答同一问题时显得更有耐心。在学生提交答案或解决方案之后，人工智能可以标记错误的步骤，并与学生讨论改进的空间。对于不善于交流或者畏惧教师权威的学生而言，他们向人工智能询问学习问题时，处于相对不受他人评判的环境中，可以进行尝试错误的学习，以更有利于学生的发展。而且，人工智能具备记录分析大数据的功能，能够基于学生过去的学习模式和学习偏好，为之提供针对性的学习建议。

第二，教师作为学习促进者的角色更加凸显。人工智能的出现可能会促使教师逐步转变为学生学习的促进者。教师不再是教育教学信息的唯一直接来源，人工智能可以通过大数据、信息网络等多元化渠道给予学生更多元、更丰富、更个性的资源。当然，尽管在以上方面人工智能可以取代教师，甚至比教师做得更好，但在实际的教育教学中，教师仍然是不能完全被取代的。教师可以指导有特殊教育需要的学生，给他们以更多的关注；教师可以跟学生互动，促进学生的情感发展，完善学生的非智力性因素，培养学生的高级思维方式和创造力，促使学生将所学知识应用于实际生活。此外，教师影响学生价值观的形成，尤其是青少年正处于价值观形成的关键期。教师需要引导青少年树立正确的价值观、人生观和世界观。此时，教师传授知识的角色弱化，作为学习引导者、促进者的作用则越发凸显。

二、教育内容：从单一、统一走向个性、多元、精准

第一，人工智能的发展要求培养青少年在智能时代应具备的能力。人工智能是一种基于“深度学习”“高质量的大数据”“高性能的计算能力”等，能够自动化地感知、学习、思考与决策的系统。人工智能可能对经济、社会等产生颠覆性的影响，部分重复性、依据固定规则操作的职业将逐渐被取代，同时产生新兴的职业需求。人工智能的发展使得人与机器的分工发生重大变化，一些重复性劳动、技能性工作、数据分析工作甚至部分社会交互工作和认知工作都可能交由人工智能来完成，人类的优势将更多地体现在高创造性、高艺术性的工作和复杂的社交任务中。此转变使得青少年教育须从注重知识的传授发展到能力的培养。许多国家为应对这一变化制定了相关政策，如美国《国家人工智能研发战略规划》(*The National Artificial Intelligence Research and Development Strategic Plan*)明确提出要促进社会成员终身学习能力的提升；我国《关于深化教育体制机制改革的意见》中明确提出要注重培养学生支撑终身发展、适应时代要求的关键能力，包括认知能力、合作能力、创新能力和职业能力等。因此，教育不仅仅是使学生习得知识，侧重于让学生学习某一职业知识和技能，更为重要的是让学生具备智能时代所需的能力。

第二，人工智能使个性化、多元化和精准地提供教育内容成为必需。教育内容的选择要更为个性精准。新时代学生关键能力的培养，要求重新审视教育内容的选择和组织。智能时代的青少年对于新事物通常无须经过任何的传授和教育就能直接尝试与运用。此时，教育内容必须打破传统上以学科逻辑为中心的选择和组织模式，通过课程统整、项目学习、

活动课程等方式弱化知识之间的边界，以问题或项目为导向，引导学生解决问题并在实践中获得关键能力的提升。另外，每个学生都具有不同的学习风格，不同学习风格的学习者会对不同的学习媒体产生不同的偏好。人工智能可根据学习者的过程数据或者反馈结果，确定学习者的学习风格，并据此向学习者推荐合适的学习内容、媒体、方法与路径。每个学生获得的教育内容是个性化、精准化的，包括内容本身以及内容的呈现形式、速度、要求等，这有助于激发学生的学习兴趣，促使学生在最近发展区中学习，使其获得更多的学习成就感。教育内容的呈现形式更加灵活多元。传统上，教育内容承载的形式主要为教材和现代化手段（如光盘、影像等）。尽管教材是专家、教师等按照学科逻辑以及学生认知发展的特点进行编写的，但教材一旦形成就具有静态性和固定性，随着社会的发展和人的发展，势必需要修订或者重新编写。修订或重编教材需要耗费大量的人力、财力，而人工智能能够快速地综合多方面的信息资源，支持多种媒体类型，形成携带便利、内容多元、信息海量丰富、直观可视的教育内容，同时可以更为快速灵活地满足新的教育需求，及时调整教育内容的呈现形式。

三、教学模式：从静态组织转向动态、灵活、系统

第一，人工智能可能打破班级授课制主导的教学模式。在教育发展史上，教学模式随着社会的发展发生相应的变化，其中，影响最为深远且依然占据主导地位的是班级授课制。在班级授课制中，教师和学生进行面对面的交流，学习的进行以群体为基础，技术仅仅是一种补充工具。班级授课制为同龄学生提供了交往机会，意味着教育的开展依赖于实际的教学时空。尽管随着素质教育的推广，实践中出现了多种教学模式，如小组学习、探究学习、合作学习等，但这些教学模式并未脱离班级授课制的范畴，仍是教师和学生在固定的时空中展开教学。人工智能的出现使得社会发生了深刻的变化，也必然引起教学模式的变革。人工智能的使用将使教育不受时空的影响和限制，教师和学生在任何环境中都可以开展教和学的活动，教育进入更加自由的、灵活的、主动的状态，泛在学习将得到进一步发展与深化。人工智能有可能打破班级授课制这一主导教学模式，学生无须按照生理年龄进行编班，而可以根据学习水平、学习风格、学习偏好等，以混龄的形式形成学习小组，并且学习小组可以在不同时段灵活调整。在教学交往方面，人工智能将使教学活动超越原本师生之间或者生生之间的交互而进入人机交互阶段，表现为人工智能与若干个学生的互动，或者是一个学生与若干个人工智能的互动等多种方式。互动方式从师生互动、生生互动扩展到人机互动。这种互动可以随时随地进行，从而使得整个教育模式从固定的、静态的模式发展成为动态的、有生命力的“活系统”。人工智能的实时性、交互性、资源共享性等特性使得教学模式呈现多种样态，此时教学模式

不再是影响教育效果的主要因素，其核心在于为学生提供个性化、定制化的学习内容，促进学生通过人机互动开展学习。

第二，人工智能可能创造出更为动态灵活的教学模式。人工智能对教学模式产生影响的重要途径是通过适应性学习、游戏、活动等对每个学生的具体需求做出个性化的反应，使学生依据自身水平、风格展开学习。人工智能具备实时分析大量数据的能力，能够自动提供新的学习内容或指定学习参数，通过有针对性的练习和反馈持续满足学生的需要，让其他人更好地了解学生的表现以设计更有效的个性化学习计划。教学模式可以根据学生的需要实时调整，重复学生没有掌握的学习内容，帮助学生按照自己的节奏学习，教师仅在需要的时候提供帮助和支持。随着人工智能的快速发展，自适应的教学项目将会得到改善和推广，从而更广泛地影响青少年教育。人工智能对个性化教育的促进依赖于三个要素，即教学要素、领域要素和学习者要素。教学要素指具备专业教学的知识和技能，领域要素指对学习者所学领域知识和技能的熟知，学习者要素指对学生的学习水平、优弱势、学习动机等的认识。人工智能能够综合运用三种要素的信息，确定适当的教学互动，包括学习材料和学习活动的呈现、组织，学习者在其中的活动数据集成等，并且不断地优化要素的条件，使各种要素更为丰富、完整，系统更智能，最终人工智能算法根据学习者的能力和需求，将教育材料以最合适的方式呈现给学习者。

四、教育评价：从单一维度转向客观、全面、科学

第一，人工智能可将教育评价嵌入教育过程，使瞬时评价成为可能。教育是一个反馈调控的过程，教育质量的高低在一定程度上取决于它能否成为一个自我调控、自我完善的系统。教育评价是教育质量保障的重要环节，人工智能的发展将会对教育评价产生根本性的影响。目前，世界范围内对教育质量的评价均以学生的学业成绩为主要标准，这种评价方式注重学习的结果，获得的是终结性的评价，其更多地起到教育监测的作用而非反馈的作用。人工智能可以通过自身功能不断获取和即时分析教育数据，持续收集和分享教与学的信息，从而为教师、管理者、家庭尤其是学习者提供进程信息、实时反馈，使评价嵌入学习过程，提高学习成绩和教学质量。通过眼部运动分析、脸部识别、生物信息采集等技术手段，人工智能可监控学生的显性和隐性学习状态，提供智能化的交互，有助于部分解决在线教育的最主要问题——学习过程的监督与互动。过程性的教育评价能够实时反馈教育效果，根据学生的生理、心理反应确定学习状态，从而定位教学过程中的重点和难点，提高教育的针对性和实效性。

第二，人工智能有助于充分发挥教育评价的多功能性，提升评价效能。以学生学业

成绩为主要指标的传统教育评价主要反映学生认知能力的发展，对其他方面能力评价的有效性则不尽如人意，综合素质评价、过程性评价、档案袋评价等评价方式某种程度上能够考查学生的其他方面的能力，但其有效性存在争议。人工智能对复杂能力评价的功能可以有效地解决这一问题，运用人工智能开展教育评价可以测试学生复杂的能力，如人际沟通能力、内省能力、合作能力等。人工智能可以设定相关能力的维度，设计程序采集海量数据，从而获得实证评价结果，绘制出反映学生各个方面能力发展的综合图示；而且嵌入式评估技术也可用于评估复杂能力，这些技术包括仿真模拟、合作环境、虚拟世界等。此外，人工智能使得教育评价的时间和空间更为灵活，教育评价结果的可获得性大大提升，其明显的优势在于数据的存储、分享、获得具有极大的便利性，支持不同的学习相关者根据评估过程和评估结果做出相应的判断。教育评价的多功能性使得不同的学习相关者能够针对各自负责或关心的领域充分利用评价结果，如教育管理者可以根据评价结果调配教育资源或进行问责、教师可以根据评价结果改进教学、学生可以根据评价结果调整学习等。

五、教育治理：加快推进治理现代化

党的十八届三中全会明确提出完善和发展中国特色社会主义制度，推进国家治理体系和治理能力现代化，并将之作为全面深化改革的总目标。教育治理是把教育领域内的各主体纳入管理范畴，充分发挥其能动性，不断改进目标和手段的一种新型教育行政方式，其关键在于构建新型的政府、学校和社会之间的关系。教育发展和改革方式的转型势必影响教育治理方式的变革，以适应教育的新形势与新挑战。党的十八大以来，以习近平同志为核心的党中央把转变政府职能作为深化经济体制改革和行政体制改革的关键，做出系统部署，在教育领域推行“放管服”改革，逐步创建现代化的教育治理体系和教育治理方式。

人工智能的应用可以进一步深化教育领域的简政放权、放管结合、优化服务。针对简政放权，人工智能可以通过大数据、迭代计算等对学科专业设置、教师编制及岗位管理、教育经费使用与管理、学生学习基本状况等进行综合分析，科学预测相关资源的配置需求，从而开展基于证据的、科学的放权改革。当然，教育治理必须坚持放权和监管同步，通过科学监管促进权力的合理使用以及教育资源的有效配置。教育监管通常以教育督导、第三方评估、信息公开与社会监督等方式来进行，人工智能除了在教育实践中给教师、学生以教育效果的反馈，同时其大数据、高性能的计算能力也能使得有关部门在放权之后更为精准、便捷和高效地监测教育质量、教育公平状况等，实现对教育状况变化的实时把控，动态调整监管政策和防范风险，使放权的事项处于科学的监管之中，有效地调控教育发展的规模、质量和效益。此外，人工智能有助于优化服务。教育大数据不仅数据体量大，而且可能是全样本、全过程的数据，更为重要的是它来源于过程性、即时性的行为和现象，可以分析微观、个体的特征，发现共性背后的个性。人工智能可通过教育大数据对教育发展规模、质量、效益、公平、创新等方面进行挖掘、分析、建模，精准发现问题和分析原因，从而帮助有关部门有针对性地采取对策，有效地降低教育成本，增强教育资源的配置效益。基于人工智能的教育治理有助于加快推进教育治理的现代化和促进教育现代化。

第三节　以人工智能教育促进学科教育

现在，看到有很多人工智能的厂商在中小学借助自己的产品推广“人工智能教育”，笔者想起40年前计算器在中国还是个新奇事物时，父亲单位的同事送了计算器给我们兄弟几个帮助学习，却被父亲严词拒绝。因为训练人“思维逻辑的算法和算例”在青少年神经和肌肉记忆力没有长成的时候，是不能省事的。

无论是从现在的孩子要掌握人工智能内在的知识、技能、体验的体系以适应未来的世界，还是人工智能70年来从人的学习中得到的宝贵经验来看，我们今天都要重新认识教育和学习这件事。人工智能与学科的改革互动，是下一轮从技术逻辑层面看教育改革的主旋律。而人工智能所需要的形式逻辑、计算思维、编程思维、组合数学、从意念到语言的教育，也为今后的教育提供了一个技术框架。

形式逻辑：通俗意义上的三段论、逻辑四个范式，不仅存在于科学领域，而且是现代哲学的基础，更是带来科技和文艺复兴的文学名著的根基。然而，对比科技强国，我们的孩子在科学哲学逻辑训练上都不专业、不具体，也没有较好的系统研究和推荐。

计算思维：中国教育的分科比较严重，而人工智能是一个交融的学科，要把各种学科变成可以计算的数据输入程序解决问题。计算思维中经常见到的表示、回归、迭代、近似、试探、图论等都需要通过信息学科进行整合，而目前中小学信息技术课程更多的是计算机课程，与计算思维的关系需要更加紧密。

编程思维：过滤式思维、递进式思维、创造式思维、试探式思维、逆向式思维，这几个词汇在一般人眼中是形容词，而在程序设计师眼中是工程化的训练。值得指出的是，传统上所说的书呆子，基本上是因为人与生俱来都有的能力由于读书偏食而丧失的结果。所以，人工智能对教育的启示是避免训练出书呆子。

组合数学：组合计数、组合设计、组合矩阵、最佳组合等，甚至包含图论和数独，这些在传统的数学学习中要到大学才进行或者根本不进行，但在计算机领域却是基础的基础、根基的根基。在奥数全面取消选拔功能后，如何实现人工智能所需要的组合数学的童子功，是一个亟待解决的问题。好在程序设计和人工智能学习的目的是带有非常强烈的场景特点的，建议尽可能地减少程序训练难度而聚焦在人工智能所需要的组合数学的逻辑训练上。

从意念到语言：运用意念可以直接编程语言，低一个层面的是自然语言，再低一点的是视窗语言，最低的是代码语言。从使用者的角度来讲，越接近意念和图像语言，越方便学习和使用，但从“专业运动员”的角度来讲，越接近抽象的逻辑语言，则离逻辑和运算越近，对大脑的训练就越真实和完整。快和慢是一对矛盾，在人工智能教育领域，要通过“漫长”的文字、代码、逻辑、手脚五官肌肉训练的魔方、数独甚至“狼人杀”、数学训练，将人脑训练出快速反应能力，并在激素的作用下形成大脑的长期记忆，这就是人工智能对教育的启示。

第七章　人工智能背景下的青少年教育创新

第一节　人工智能背景下的青少年科技创新

为贯彻国家《全民科学素质行为计划纲要（2006—2010—2020 年）》，由教育部、科协等部门举办的全国青少年机器人竞赛、青少年机器人交流会等活动蓬勃发展。人工智能已成为国际竞争的新焦点，为抢抓人工智能发展的重大战略机遇，加快建设创新型国家和世界科技强国，国务院于 2017 年 7 月印发并实施《新一代人工智能发展规划》，明确规定要实施全民智能教育项目，并在中小学设置人工智能相关课程。各地中小学相应地开设了线上线下、各具特色的科技创新能力培养课程、机器人技术课程、信息技术第二课堂等，其目的在于丰富中小学生的学习生活，培养青少年的科技创新思维和科技创新能力，激发青少年学生的创新意识，培养青少年学生的实践动手能力，全面推进素质教育。

一、青少年科技创新能力培养现状及问题分析

根据中国青少年科技辅导员协会人工智能普及教育专业委员会于 2018 年 11 月 26 日发布的《中小学阶段人工智能普及教育现状调研报告》，目前，学生对人工智能的理解程度还比较浅，停留在感性和具象的水平，师资不足成为最大痛点。分析发达国家人工智能普及教育在基础教育阶段的布局时，能够充分调动社会各方力量加强师资培训和能力提升、注重跨领域跨部门的多方协作。目前，开展人工智能普及教育所面临的几大困难具体体现在四个方面：教材制定、评级机制、课程标准和课时保证。

同时，由于区域发展不平衡、科技辅导队伍参差不齐，甚至部分中小学校对青少年科技教育认识不足，或因资金等因素重视程度不够，导致无法有效地开展青少年科技创新能力培养。以广东省为例，机器人教学开展得比较好的为广州、深圳、佛山、东莞、中山等经济发达城市，而粤东、粤西、粤北等山区城市则较差。其中的原因有地区经济实力因素无法普及机器人设备，也有缺乏机器人教育的专职指导教师等方面的因素。因此，对青少年科技创新能力培养开展研究和实践，能提升青少年的科技创新能力。

二、制定中小学机器人技术教学标准

从建构人工智能基础理论体系角度出发，规划科学的、阶梯发展的、具有前瞻性的五个学习领域的青少年机器人教育方面的科技创新能力培养模型，完善机器人教育的评价体系，最后形成中小学机器人技术教学标准，使青少年科技创新能力培养能够得到更加理想的效果。具体模型内容如下：

（一）专业知识

举例描述机器人的知识、基本概念、工作原理及理解、应用情况，具备机器人设计和选择技能、搭建技能、调试技能等。

（二）广泛和融合的知识

从科学、艺术、社会、人类服务、经济或科技等角度，描述并解释机器人对社会的重要意义，并对此做出评述。

（三）智力技能

1. 利用机器人解决实际问题的能力、技术的决策能力和创造能力。

2. 通过信息资源检索，掌握当前机器人产品的更新情况，收集各种产品的型号、性能、规格、价格信息。

3. 能够在课内、课外一些专业活动或竞赛活动中进行口头言语交流。

4. 利用现有数据创建图表或其他视觉效果更好的方式，来诠释机器人产品领域的发展趋势。

（四）应用和协作学习

1. 参与一个创新性活动或项目，展示或讲解其实践成果，并就其过程做出书面总结，至少能重点突出这次经历中个人对创新精神的感悟，进而阐明其应用前景或价值。

2. 具有良好的合作精神，综合应用平时积累的科学知识，在精诚协作过程中，不断强化团队协作精神。

（五）公民素养和思想品质

1. 具有精益求精、实事求是的态度。

2. 具有克服困难、解决难题的信心。

3. 形成积极尝试应用机器人解决实际问题的意识。

4. 设计制作的机器人作品应体现关爱自然、珍视生命等积极向上的情感。

三、开发项目式机器人教学案例

创建现代化教育教学模式，开发分层面的项目式机器人教学案例，将技术研发、科普宣传、科普讲座、科技体验、职业体验等统筹规划，实现理论知识及实践相结合，引导学生积极主动进行探讨，提升学生的科技创新能力，取得更加理想的效果。按照小学低年级、小学高年级、初中、高中划分其技术层次，把机器人知识、技术归入各层面，具体分层如下：

1. 个人体验层面：面向小学低年级阶段（1～4年级），主要是体验人工智能技术产品，激发小学生的科技兴趣。采用平台教具进行演示，让机器人动起来，引导小学生的创新意识、创新思维。

2. 实践操作层面：面向小学高年级阶段（5～6年级），主要是感知人工智能技术产品。采用平台教具进行简单组装，让机器人动起来，培养小学生的动手能力、简单操作能力。

3. 实践应用层面：面向初中生，主要是应用人工智能技术产品，可通过简单编程、组装，实现对智能设备的控制。采用平台教具进行组装，并进行简单编程，让机器人动起来，培养初中生解决实际问题的能力，并可口头表达或书面描述机器人的应用前景等。

4. 实现层面：面向高中生，在人工智能技术上进行较高层次的设计，学生可以完成移植、自主发挥、实现完整动作，改造优化实现新功能。培养高中生的智力技能，并可口头表达或书面描述并解释机器人对社会的重要意义。

四、构建机器人科技资源共享平台

构建机器人科技资源共享平台，降低投入成本，提高普及度，实现机器人教育的均衡化发展。为开展机器人教学购买实体机器人需要投入较大的经费，对于经济欠发达地区的中小学很难承受，而中小学机器人教育的重点是培养学生的动手实践能力，是科普不是研究，需要把成熟的技术转换后传授给学生。所以，嵌入式应用技术创新服务团队要发挥作用，研发制作的机器人科普装置，结合虚拟机器人仿真平台，将优质科技教育资源的整合及利用作为入手点，构建相应的机器人科技资源共享平台，便于下乡提供科普宣传和动手体验活动。

五、开展系列活动，实现机器人教育的均衡化发展

1. 开放型教学体验活动。让青少年走进高校，借助学院“广东省高职教育电子信息工程技术实训基地”和“广东省高职教育工业机器人公共实训中心”的场地、设备、智

力资源，依托智能机器人、语音控制设备、人脸识别等设备和器材，开展区域内的青少年参观、动手实践、交互式活动等科技体验教育活动。通过科普进中小学校园、科普进社区的科普宣传展示活动，传授科学知识和方法，培养青少年的科学思维和科学实践能力。尤其是针对农村青少年，开展送科普文化下乡活动，实现机器人教育的均衡化发展。

2. 针对目前中小学机器人教师水平参差不齐、缺乏综合知识等问题，组建青少年科技辅导团队，深入中小学校园开展第二课堂指导，引导和指导中小学校开展青少年科技创新工作。

3. 加强跨部门合作，社会组织发挥资源聚合平台作用。高等院校提供教师资源，教育企业提供产品资源，培训机构提供场地资源，充分调动社会各方力量加强师资培训和能力提升、注重跨领域跨部门的多方协作，共同推进人工智能、机器人教育的发展。

4. 协助参与科技创新类竞赛。中小学生通过参与竞赛过程，共同研究制定问题的解决方案，全面提升他们的科技创新能力，同时在竞赛中增强自信心，强化团队协作精神，促进青少年的全面发展。

本节从中小学生科技创新能力的需求分析出发，构建青少年科技创新能力培养模型，研制中小学生机器人创新能力标准体系，并开发实际教学案例和开展系列科技创新能力培养、研究活动，通过技术体验、职业体验、科技竞赛等实践，对青少年未来选择有所帮助，培养中小学生的科学观念、科学态度、科学思维以及科学实践能力，从而为完善人工智能发展做出贡献。

第二节　人工智能在校外教育中的理念

人工智能（简称 AI）是计算机科学、控制论、信息论、神经生理学、语言学等多种学科交叉发展起来的一门综合性的前沿学科。著名的美国麻省理工学院的温斯顿教授认为："人工智能就是研究如何使计算机去做过去只有人才能做的智能工作。"这些说法反映了人工智能学科的基本思想和基本内容，即人工智能是研究人类智能活动的规律，构造具有一定智能的人工系统，研究如何让计算机去完成以往需要人的智力才能胜任的工作，也就是研究如何应用计算机的软硬件来模拟人类某些智能行为的基本理论、方法和技术。国务院印发的《新一代人工智能发展规划》中也指出：实施全民智能教育项目，在中小学阶段设置人工智能相关课程，逐步推广编程教育，寓教于乐的编程教学软件、游戏的开发和推广。

一、校外开展人工智能科普教育的理念和策略

（一）教学目标定位精准，培养适应AI时代的素养能力

校外开展人工智能科普教育活动，可以从认知、思维、创造三个层面制订目标：通过体验和操作等方式了解人工智能的技术构成、基本原理、常见应用，让学生对人工智能领域有一定的感性认知和理性欣赏；通过编程体验训练计算思维，让学生像计算机科学家一样工作和思考，尝试运用计算机科学的基础概念求解问题、设计系统；发展创造力表达创意想法，实践创新。

（二）教学设计与时俱进，基于STEAM的创客教育理念

在教学中，可以采用任务驱动、基于项目的学习。教师可以将教学内容设计成一个或者多个任务，甚至是一个真实问题的项目，让学生在解决综合性、复杂性的问题中学习。在设定具体任务或项目时，选用符合STEAM理念（STEAM教育理念即科学Science、技术Technology、工程Engineering、艺术Art、数学Mathematics的首字母。）的跨学科学习任务或项目，可以充分发挥学生的主动性、创造性、团队合作精神。在学习过程中，由学生自己完成信息收集、方案设计、项目实施和改进，最后得到解决问题的成就感。

（三）坚持以人为本的教学策略，基于分层次教学的个性化学习

策略一：针对学习兴趣——先玩后做，注重体验过程。激发求知欲、培养学生的发散思维技巧是STEAM课程活动的要点之一。“先玩后做”即先让学生学会体验成果的乐趣再去探索制作过程，让学生在实践活动中体验和理解相关的概念，加深体会，力争最大限度地激发学生的学习需求及求知欲。这里所说的“玩”，是有目的、有计划、有引导的玩，而玩的目的是更好地理解和设计，从而提高思维技巧。

策略二：针对思维发展——循序渐进，激活学生思维。提高解决问题的能力是STEAM教育的目的之一，提高辩证思维能力可以使学生全面、动态地看待问题和解决问题。而要调动每一位学生思维的主动性和积极性，就先要让他们的思维“动起来”。每个学生的初始想法是不全面不完整的，学生的每个想法对于解决问题的能力和程度也是不一样的。教师在STEAM课堂中不仅要引导学生用几个想法解决一个问题，还要要求学生学会比较问题解决的有效性和最优性。

校外教育面对的群体中，学生的学情、年龄、知识面的宽广度不一、差异较大，这些是校外教育的特性。首先对于不同的课程，教师往往要准备基础背景知识阅读和延伸

知识阅读，满足基础单薄和学有余力等不同需要；其次在教学任务设计中综合不同层次水平阶段的基础任务和进阶任务；再次学习效果评价时，要充分根据年龄水平和过往表现做出适当的评价；最后要充分运用学生之间的差异性，将其转化为教学资源，让进步较快的学生作为学习经验分享的带动者，充分发挥以人为本的教育理念，促进学生创造力和创新精神素养的提升，构建团队协作能力，让学生主动分享知识，帮助同伴，深化对知识的理解与应用；来自学生的分享也会激励其他同学更加投入学习，发挥榜样效应，促进学生的个性发展。

二、校外开展AI科普教育的实践

人工智能课程需要聚焦创新力和计算、编程思维、英语、数学建构能力，能充分调动学生的探索欲和求知欲，提升学生的学科发散思维能力和学科之间的融合能力。黑河中俄青少年活动中心针对不同的学生团队及不同年龄段的特点，有主题、有目的地设计了不同层次的教育活动。

Exploration（探究）是“4E”教学模式的中心环节，学生在资料探究和实验探究中，面对新的知识和信息与之前概念形成的认知冲突，重建概念。在此过程中，教师需要适当地进行提示和引导；Explanation（解释）是“4E”教学模式的关键环节。主要是对探究过程和结果的展示，给他们提供一个机会表达其对概念和技能等的理解和掌握，学生尝试用自己的理解阐述他们对概念的认知，同时也为教师呈现正确概念提供机会；Elaboration（阐述）是在教师引导下发展学生对概念的理解和应用，建立概念间的关系；Evaluaton（评估）指教师和学生用各种方法评价学生对新知识的理解和应用能力，主要是学生检验自己对概念的掌握情况。

以活动中心为代表的校外机构往往承担着区域内中小学生的科普教育职能，经常面向全市中小学发布科普活动，活动内容的设计注重零基础、趣味性和普惠性。近年来，黑河中俄青少年活动中心率先引进船模、航模、无人机等，为学生提供科普课程的场所及创建开放的智慧体验空间。学生来到活动中心科技创意馆，可以组装机器人、船模、航母，学习无人机飞行技术，尝试搭建简易无人机，并在中心的室外专用场地进行实地操作，实地感受科技带给他们的创新感受。

（一）渐进式AI科普课程

通过体验式科普活动产生兴趣、报名团队继续学习的学生不在少数。面对这些有共同兴趣爱好且年龄不一的学生，校外教师应设计有层次、渐进式的人工智能课程和活动。目前，我们主要采取“智能硬件+互动编程+应用程序接口（API）”的教学方式，将人工智能知识逐步渗透到现有的校外教育科技课程中。对于年龄较小的学生，尽量选择效果外显、趣味性强、成本不高的编程工具和活动主题。只要熟练地掌握编程语言就可以掌握人工智能的开发语言，但在教育初期阶段选择编程工具，需要用符合学生的年龄特点和认知发展规律的语言进行授课。

（二）互动编程

它是人工智能教育的一个落脚点，但人工智能科普教育不能狭义地理解为编程教学，要在编程中融入人工智能知识，以对学生进行人工智能内涵外延知识的普及，还可以调用各大人工智能开放平台，带领学生开发人工智能产品，体验人工智能技术的魅力。在百度云智能开放平台上，获得一些开源工具包、完整的帮助文档和免费的调用机会，通过调试这些 API 获得高水平的人工智能产品研发体验。

（三）个别化 AI 研究项目

基于项目的学习能让学生快速成长。针对小学、初中学段设置不同的课程。小学的课程以增进学生对科学、技术的好奇心与学习兴趣为重点，通过解释科学现象、善用技术工具的游戏化教学，发展学生的计算思维，使其养成良好的学习习惯。开设了点读编程、主题课程、线下互动课程。初中的课程以提升学生对科学、技术和工程的理解与应用能力为目标。通过分析工程问题、巧用技术手段的学习项目，发展学生的设计思维，培育初步的工程设计素养和职业认知。开设了图形化编程、Python、代码编程、人工智能机器人竞赛课程。

例如，近年全国不遗余力地推进垃圾分类，学生富若轩发现虽然部分小区设置了分类垃圾箱，但人们对垃圾分类的普及知识了解不多，虽然已经设立了四分类垃圾桶，但由于垃圾分类相关知识普及不到位，分类效果收效甚微，所以，他想设计一个帮助人们认识垃圾类别的手机 App。

在课题的推进过程中，富若轩既深入学习垃圾分类的相关知识，又运用所学知识进行互动编程学习和调试，还提高对人工智能的图像识别领域的认识，甚至在各大平台寻找 API 的过程中激发出了更多的创新灵感。最后，他完成了一个可以用语音、图像、文字搜索等方式识别分类垃圾物品的 App，并显示推荐垃圾的所属分类。

校外教育机构在人工智能教育之路上不断探索前行之中，给基础教育阶段的学生提供了更广阔的空间、更丰富的活动和更多的技术支持。目前，各地的基础和条件各不相同，也面临缺少智能装备支撑的情况，但通过科普活动能启迪学生的认知，激发其求知欲进而培养其专长，相信这些教学活动的开展对培养符合 AI 时代变革与发展的创新人才有着积极的意义。

第三节 人工智能背景下问题青少年的矫正管理

人工智能的概念与时俱进，至今尚未完全达成共识。有学者综合了较为权威的概念后，将人工智能概括为“研究人类智能活动的规律，构造具有一定智能行为的人工系统”。另有报告指出，人工智能是“利用数字计算机或数字计算机控制的机器模拟、延伸和扩展人的智能，感知环境、获取知识并使用知识获得最佳结果的理论、方法、技术及应用系统”。人工智能涉及计算机科学、认知科学、神经科学、社会科学等多种学科，是未来科技发展的重要方向。进入21世纪以来，人工智能技术步入高速发展期，给整个社会及各行各业都带来了前所未有的变革，人工智能时代已经到来。2017年，国务院发布了《新一代人工智能发展规划》，在国家战略层面对我国人工智能的发展进行了部署。世界各主要国家都积极部署人工智能的发展战略，希望在人工智能时代抢占先机。

人工智能技术与行业领域的深度结合，将改变或重塑传统行业，问题青少年领域也不例外。问题青少年，一般指具有个体发展异常、外化的行为问题或社会化缺陷等特征的青少年，其类型包括但不限于心理与行为障碍青少年、越轨青少年、虞犯青少年、违法犯罪青少年等。对问题青少年的矫正与管理涉及法学、教育学、心理学、神经科学、医学、管理学、社会服务与公共安全等多学科领域，人工智能技术在带来诸多行业变革的同时，也为问题青少年的矫正与管理带来了新的机遇与挑战。

一、人工智能与问题青少年矫正的新思考

（一）人工智能与问题青少年的认知发展

美国匹兹堡大学的一项针对问题青少年的大规模纵向研究结果显示，问题青少年的智商（IQ）往往较低。该研究显示，青少年越轨行为与智商分数之间呈现显著负相关，问题青少年韦氏智力测验（WISC）的测验分数比正常青少年平均低8分。此外，有研究也表明，问题青少年的认知过程也是错误和不适当的，他们会扭曲外界的信息，引起社会适应不良和越轨行为。相比于正常青少年，问题青少年在逻辑认知与道德归因等方面显著不成熟。例如，一项包含50个样本研究的元分析研究指出，问题青少年与他们的同年龄对照组相比，道德判断的水平更低。基于以上的研究结论，社会信息加工模型理论（Social Information Processing Model）为问题青少年的不良认知过程提出了可能的解释：个体之所以对相同的社会情境有不同的反应，是由于个体认知加工过程的不同。

该理论认为，个体从开始处理社会信息，到社会行为最终呈现，包括六个连续的步骤，分别是：①编码阶段；②解释过程阶段；③澄清或选择目标阶段；④搜寻反应阶段；⑤决定反应阶段；⑥行为执行阶段。而实验证明，具有攻击性行为的青少年与正常青少年相比，在五个认知加工阶段皆表现出差异，他们更多地做出恶意归因，更少地表现出负罪感与羞耻感，更易怒并且不易控制脾气等。

基于这些研究结论，在认知方面，人工智能技术可以更好地帮助问题青少年发展认知能力，并改善认知过程中的缺陷。目前，人类已经可以使用实验等技术方法探究产生认知的脑神经机制，然而由于脑神经结构与认知过程极其复杂，借助人工智能技术，可以更清楚地从神经认知学的视角，探明脑神经的活动机制，从而解释个体认知的产生与过程。例如，人工智能的代表性技术之一——人机交互技术就主要研究人与计算机之间的信息交换。其中，脑机交互技术，又称为脑机接口，指不依赖外围神经与肌肉通道，直接实现大脑与外界的信息传递。依靠脑机交互技术，可以检测中枢神经系统的活动，并将其转化为人工输出指令，实现替代、修复、增强、补充或改善中枢神经系统的正常输出，从而改变中枢神经系统与内外环境之间的交互作用。在问题青少年的矫正中，一方面，对于因脑神经器质性病变所引起的认知障碍，可以通过人工智能技术更准确地识别引起认知障碍的脑神经结构与功能的异常，从而更具针对性地治疗与恢复脑神经结构与功能，提高问题青少年的认知能力；另一方面，对于认知过程存在缺陷的青少年，可以通过将中枢神经活动转化为人工输出指令的方式，使个体认知过程的“黑箱”外显化，从而更清晰准确地探明问题青少年的认知过程与方式，找到其认知缺陷的所在，极大地提升矫正的效率与效果。

（二）人工智能与问题青少年的学业发展

问题青少年群体往往还伴有不同程度的学业障碍，包括低学业成就、低学业投入、缺课逃学等。1969 年，赫希（Hirschi）提出了经典的社会纽带理论，认为“投入”是一种重要的社会纽带，个体在传统而良好的目标中投入的能量越多，则出现越轨等问题行为的可能性就越少，因为那意味着个体要付出更高昂的代价。恢复性矫正规则认为，矫正问题青少年不仅要改变他们的缺点和问题，更要识别个人与环境中的优势，从而发展问题青少年的个人能力，促使他们成为有能力、负责任的社会成员，这种矫正是更长远而有效的。由此可见，促进问题青少年的学业发展，增强他们的学业兴趣与学业能力，引导他们为学业投入更多的时间与精力，可以降低他们出现越轨行为等问题行为的概率。

目前，人工智能与教育的融合，已经从教育技术、教育环境、教学形式、教育关系等各方面改变了教育活动。在教育技术方面，机器学习与深度学习、人机交互、虚拟现实等人工智能技术对现代教育技术产生了深远影响。在教育环境方面，人工智能技术的支持使教育环境进一步朝向智能化、信息化、现代化转变。在教学形式方面，翻转课堂、创客教育、MOOC、STEAM 教育等教育新样态随之兴起，使教育突破了时间与空间的限制，促进了学生学习的自主性与合作性，自适应学习等成为趋势。人工智能辅助教学，为精准化、个性化教学提供了技术支持。同时，人工智能也转变了传统的教育关系，将师生关系转变为了"人—机—人"的三维关系，未来的教育将可能是教师与人工智能教师协同共存的时代。

教育人工智能的发展，为面临学业障碍的问题青少年带来了多种应对方法。首先，对于那些伴有学习障碍，如听、说、读、写障碍的问题青少年，人工智能技术可以更好地针对其特殊需求辅助教学，使教学以更适合与易于接受的方式展开。例如，对于听觉障碍青少年，人工智能技术可以捕捉教学过程中的声音信号，并根据声谱分析将其转化为文字信号，服务于听力障碍青少年的学习；其次，对于缺乏学习动机的问题青少年，MOOC 等教学形式为青少年带来了海量的知识内容，及多元化、趣味性的授课方法，教学甚至不再受时间与空间的限制，青少年可以便捷有效地获取符合自己学习兴趣的知识进行学习；同时，翻转课堂、自适应学习等方式，使学生掌握了更多的学习自主权，而教学有了人工智能技术的辅助，也更加个体化，更符合学生的兴趣与需求，这都将极大地提升学生的学习动机；最后，智能教育机器人的出现，使智能机器人同时扮演着青少年的"老师"与"学伴"，教育机器人可以依据青少年个体认知、情感发展的不同阶段，有针对性地满足青少年的学习需要，并满足其自主感、胜任感、归属感等核心需求。

（三）人工智能与问题青少年的不良心理与精神障碍诊疗

研究表明，在问题青少年群体中，心理与精神障碍发生的比例显著高于正常青少年群体。在美国，心理障碍在普通青少年群体中的比例大约为 20%，而这一比例在少年犯群体中则至少为普通青少年的两倍。在我国的研究中，心理测验结果也同样显示出未成年犯群体的心理健康状况水平明显低于正常群体。问题青少年的不良心理与精神障碍主要体现在以下几个方面：

首先，问题青少年群体常伴有不良情绪与情绪障碍等。美国的一项研究表明，问题青少年往往具有较为严重的负性情绪，如愤怒、恐惧、抑郁、自杀意念等，并且伴随情绪的不稳定，如焦躁不安、高冲动性以及较强攻击性等易激惹特征。中国的一项对未成年犯心理状况的研究显示，未成年犯在抑郁、焦虑、偏执、精神病性等情绪方面显著高于正常少年群体，同时未成年犯也普遍存在人格障碍，表现出冷漠、内向、固执、攻击性、情绪不稳定等特征。另一项研究表明，我国青少年罪犯的抑郁发生率高达 72.6%，而自杀意念检出率达到 12.8%。

其次，品行障碍（Conduct Disorder）和注意缺陷与多动障碍（ADHD）是问题青少年群体中较常见的两种精神障碍类型，且这两种障碍经常合并发生。品行障碍以攻击他人、破坏财物、欺诈和盗窃等为主要症状，常会直接导致违法犯罪行为。并且品行障碍儿童常常伴有冷漠、缺乏共识，对他人漠不关心等，因此更难以被矫正。品行障碍如果未能及时矫正与治疗，将会发展为危害更大的反社会型人格障碍。我国的一项关于男性青少年罪犯心理障碍的调查显示，在暴力犯罪的青少年罪犯中，不同地区样本的品行障碍的患病率介于 69.1% ~ 86.6%。ADHD 则以注意力难以集中、多动和易冲动为主要特点。ADHD 对青少年的学业表现、认知功能、社会关系都会造成显著破坏。在美国，普通学校儿童中 ADHD 的患病率在 3% 至 5% 之间，而在问题青少年群体中则达到了 16.6% ~ 21.4%。在中国，在少年犯群体中 ADHD 的患病率达到 31.04%，明显高于普通人群。

基于这种情况，以人工智能为支撑的智能医疗及其相关智能产品，可以服务于问题青少年的不良心理与精神障碍的诊断与矫正治疗。首先，对于情绪不良与情绪障碍的青少年，基于人工智能的“社交机器人”与“陪伴机器人”可以发挥积极作用。“社交机器人”与“陪伴机器人”是两种可以满足人类部分情感需求的智能机器人，它们可以一定程度上满足人类的情感与社会活动的需要，通过表情和身体表达等拟人交互活动，带给人们快乐的体验、与人类建立亲密关系等。随着人机情感交互技术的愈加成熟，社交与陪伴机器人可以营造更积极的情感氛围，改善或治疗个体的不良情感，对抑郁、焦虑、情绪不稳定等不良情感状态或情感障碍都将有一定的治疗作用。此外，智能医疗对于问题青少年心理与精神障碍的诊疗也将发挥作用。目前研究已经证明，大脑前额叶功能紊乱与 ADHD、攻击暴力行为、反社会行为、青少年犯罪呈现相关。人工智能技术的发展，与神经认知科学相辅相成，增加了人类对大脑及神经结构与功能的认识，也为解决脑神经功能缺陷提供了更多的可能性。例如，2013 年美国政府“通过推动创新型神经技术开展大脑研究”（*Brain Research through Advancing Innovative Neurotechnologies*）的计划，旨在探索人类大脑工作机制，开发脑科疾病的治愈方法，脑科学与人工智能协同发展。最后，人工智能技术可以帮助临床人员更准确地诊断与治疗问题青少年的不良心理与精神障碍。我国学者陈冰梅等人将人工智能与人工神经网络结合应用于模拟人类医学专家大脑诊断思维模式诊断儿童心理障碍。这一系统可以诊断 95% 以上的儿童心理障碍，包含 17 大类、61 种常见的儿童心理障碍，如多动症、品行障碍、精神发育迟滞、抑郁症、焦虑症、强迫症等。此外，该诊断系统还能够对每种障碍提出处理意见。经由与资深专家的诊断结果比对，该系统的诊断符合率为 99%。

二、人工智能与问题青少年管理的新思考

（一）人工智能与问题青少年的管理技术

1. 基于图像理解的智能安防技术

基于图像理解的智能安防技术是一种利用人工智能对视频、图像进行存储和分析，从中识别安全隐患并对其进行处理的技术，主要包括提取检测画面目标，并区分不同事件的打架检测、人员聚集分析等技术，以及对画面中特定物体进行识别的车辆检测、人脸检测等技术。这些技术可以服务于对问题青少年群体的管理。例如，打架检测、人员聚集分析等技术，可以应用于校园死角、城乡接合部等高风险区域，用于及时识别并预警可能产生的攻击暴力行为、非正常聚众行为等，防患于未然，降低问题青少年出现违法犯罪、越轨行为的概率，并帮助相关人员及时介入干预，降低问题行为所造成的危害性；而车辆、人脸识别等技术，则可以帮助相关人员识别、追踪、监管高风险的问题青少年等。

2. 大数据与人工智能技术结合的行为预测模型

在智能警务与犯罪预防领域，通过大数据与人工智能技术的结合，将现实中某些现象或规律转化为数据，进行大规模的数据分析和建模，可以实现对行为及其所导致结果的推导、预测等，实现智能化的预警机制与安全监测，将对问题青少年的管理进一步提早到预警、预防的层面。例如，有学者提出可以基于贝叶斯网络——一种不定性因果关联模型，建构精神障碍者暴力危害行为的智能预警模型，结合人工智能技术，该模型可以基于观测到的某些风险因素，如作息不正常、情绪不稳定、拒绝服药等表现，去预测个体出现攻击暴力行为的可能性。

3. 智能的心理评估技术

在对问题青少年的矫正与管理中，相关人员经常应用心理测验等评估的方法，对个体危险性与需求进行评估，以便进行个体化的矫正与管理。传统的纸笔测验往往以文字符号为载体，非常依赖被测试者的个人理解能力与自觉，且很难识别被测试者的故意隐瞒、撒谎等态度、行为。目前，依托人工智能技术，如表情识别、声音检测等技术进行个体人格与心理健康状况的测量已成为可能。加夫里列斯库（M.Gavrilescu）基于个体差异性建立了一种新型的面部识别系统，可以有效降低欺骗性。在此基础上，加夫里列斯库与同事提出了一种面部特征分析系统，用以预测人们的 16 种人格因素（16PF）。该系统能够在 1 分钟内准确预测个体的 16PF 人格，比 16PF 人格问卷更快速实用，适合

于短时间内预测人的个性特征。这种基于人工智能技术的测量，更便捷、真实，能较准确地反映问题青少年的真实风险与需求，有助于相关人员更有效地为其制定个体矫正与管理计划，并对其矫正质量、再犯风险等因素做出更客观的评估。

（二）人工智能与问题青少年的智能化管理模式

对于卷入司法体系的问题青少年，人工智能技术可以变革传统的、一成不变的管理模式，使集灵活、快速、长效、共享、预测等特点为一体的智能化管理模式成为可能。

在问题青少年进入司法体系的初期，公、检、法等相关部门就可以利用人脸识别、指纹识别等生物特征采集与识别技术，为问题青少年建立个人身份信息档案。同时，人工智能的心理评估技术与行为预测技术等，可以更加客观真实地评估与预测未成年犯的个体危险性与需求，这些评估与预测的结果也将记录在电子档案中，成为其个体化矫正方案制定、矫正效果评估的重要参考。

在矫正的过程中，对问题青少年心理与行为状况的评估与预测也将持续跟进，其结果将在智能档案中及时更新，矫正人员可以依据问题青少年的具体情况，随时调整矫正计划。基于智能技术的电子档案省去了传统档案在各部门、人员之间调度与交接过程，使有关青少年的个人身份识别信息、风险与需求的变化情况、历经的司法步骤等信息，清晰、准确，变更及时，对问题青少年的矫正与管理更加灵活、专业，并具有连贯性。此外，全国性智能管理平台的建立，将有助于在全国范围内实现对问题青少年的联动管理，促进矫正经验的交流与信息共享，提高个体化矫正水平，实现全方位的社会帮扶机制。

对于刑释解矫的问题青少年，利用人工智能技术结合大数据，可以实现对他们的长效追踪管理，跟踪刑释人员的社会融合情况，预测其再犯风险等，实现智能的长效管理机制。对于在刑释解矫后有某些需求的问题青少年，可为其提供必要的社会帮扶与预防性措施。例如，对于失学、失业青少年可协调其就学或提供针对性的就业信息与培训；而对于表现出再犯风险的青少年，社区、司法所人员等可以对其进行预防性的矫正干预，防止再犯。同时，前文所述的智能医疗、情感交互等人工智能技术，也可以有效地帮助刑释解矫的青少年及其家庭尽快恢复健全的社会功能与家庭功能。

综上所述，人工智能技术的迅速发展为现代社会各行各业带来了巨大变革。本节从人工智能与问题青少年的认知发展、学业发展、不良心理与精神障碍诊疗等矫正领域，以及人工智能与问题青少年的管理技术、管理模式等方面，探析了人工智能方法技术在问题青少年矫正与管理方面的应用，其中的一些技术已经应用于实践，比较成熟，另一些则是未来可能的发展方向与趋势。

一方面，人工智能技术的发展是时代的大势所趋，在人工智能的时代潮流中，各国都积极应对，抢占先机。对问题青少年的矫正与管理也应顺应时代，求新思变，寻求与人工智能技术方法的有效结合，从而提升完善对问题青少年的矫正与管理水平。

另一方面，必须看到的是，本节所探析的人工智能技术应用与发展趋势都是建立在理想状态下的愿景，在实际发展过程中，人工智能与问题青少年矫正与管理的结合，必须克服许多技术与伦理难题。

参考文献

[1] 莫晓春．关于“青少年”年龄界定问题的思考 [J]. 广西青年干部学院学报，2009（2）：38-40.

[2] 齐文静．浅谈美术学习心理与教学特点 [J]. 赤峰学院学报（自然科学版），2010（11）：126.

[3] 阿恩海姆．对美术教学的意见 [M]. 郭小平等，译．长沙：湖南美术出版社，1993.

[4] 中华人民共和国教育部．义务教育美术课程标准 [S]. 北京：人民教育出版社，2011.

[5] 张君萍．通感审美模式在初中美术教学中的应用研究 [D]. 长春：东北师范大学，2012：31.

[6] 巩子坤，李森．论情境认知理论视野下的课堂情境 [J]. 人民教育，2005（8）：11.

[7] 大胜惠一郎．青春期美术教育 [M]. 杨景芝，欧阳启名编译．石家庄：河北美术出版社，2002.

[8] 李炳全．文化心理学 [M]. 上海：上海教育出版社，2007.

[9] 张文新．青少年发展心理学 [M]. 济南：山东人民出版社，2008.

[10] 胡烨妃，骆宏．心理资本在学习领域中的研究进展 [J]. 中国校外教育，2010（8）：4-5.

[11] 罗鸣春．中国青少年心理健康服务需求现状研究 [D]. 重庆：西南大学，2010.

[12] 吴汉荣．青少年心理健康状况的调查与评价 [J]. 中国学校卫生，2000，21（5）：432-433.

[13] 梁辰，王诺．基于 Logistic 回归的沿海经济区建设用地演变驱动因素研究：以大连市新市区为例 [J]. 地理科学，2014（5）：556-562.

[14] 曹珊珊．上市公司财务困境预测：基于信息熵与 Logistic 回归的实证分析 [J]. 对外经贸，2012（9）：149-152.

[15] 邹菊 .Logistic 回归在乳腺癌综合分析诊断中的应用 [D]. 衡阳：南华大学，

2012.

[16] 刘建新，陈自励 . 新生儿窒息产前危险因素 Logistic 回归分析 [J]. 当代医学，2011，17(19)：12-14.

[17] 耿金花，高齐圣，任敬喜，等 . 基于 Logistic 回归的社区满意度模型 [J]. 控制与决策，2007，22(11)：1305-1308.

[18] 高维峰 . 基于社会原子化背景的新媒体重塑青少年价值观 [J]. 中学政治教学参考，2018(24)：74-76.

[19] 高维峰 . 自媒体对社会原子化背景下个体迷失的消弭 [J]. 青年记者，2018(15)：75-76.

[20] 叶海虹，邵自泉 . 浓缩人生精华寄托父辈厚望：读诸葛亮《诫子书》[J]. 现代语文（教学研究版），2017(2)：20-23.